Meister der Weisheit

Gautama Buddha

Botschaften, die von der Gesandten
Tatyana N. Mickushina von 2005 – 2014
empfangen wurden

Mickushina, Tatyana N.

GAUTAMA BUDDHA

Meister der Weisheit. – T. N. Mickushina

2025. 232 Seiten. (Buchreihe "Meister der Weisheit")

Dieses Buch ist Teil der Reihe "Meister der Weisheit". Die Buchreihe enthält Sammlungen von Botschaften verschiedener Meister der Weisheit, die der modernen Menschheit am bekanntesten sind. Die Botschaften wurden durch die Gesandte Tatyana N. Mickushina übermittelt, die seit 2004 unter der Führung der Meister der Weisheit arbeitet. Mithilfe einer besonderen Methode hat T. N. Mickushina Botschaften von über 50 Lichtwesen empfangen.

Dieses Buch enthält die Botschaften, die von Gautama Buddha durch T. N. Mickushina übermittelt wurden. Viele Lehren werden darin gegeben, unter anderem über die Veränderung des Bewusstseins, über die aktuelle Situation auf der Erde, über die Wechselbeziehung zwischen Katastrophen, sozialen Konflikten, Kriegen und dem Bewusstseinsniveau der Menschheit; über die Gemeinschaft, über das Glück, über die Überwindung von Konflikten, über Unterscheidungsvermögen, über das Bewusstsein eines Buddhas. Der Leser kann sich mit diesen und anderen Unterweisungen des großen Lehrers vertraut machen, die in der heutigen Zeit gegeben werden, um den Menschen zu helfen, die kritische Lage auf unserem Planeten zu überwinden.

Copyright © Tatyana N. Mickushina, 2025. Alle Rechte vorbehalten.
Druck: Libri Plureos GmbH, Friedensallee 273, 22763 Hamburg
Verlag: Danuih Verlag, 39 Darwin Street, Sunderland SR5 2EJ,
United Kingdom; info@danuihverlag.net

ISBN 978-0-9553596-6-8 [printed book]
ISBN 978-0-9553596-7-5 [e-book]

Inhalt

Buddha Gautama.
Ein großer Weiser aus Indien.
Begründer des Buddhismus 7
   Ort und Zeitpunkt der Geburt. Die Familie.
   Legenden. 10
   Meilensteine seines Lebens 12
   Das innere Bild des Buddha 16
   Die Lehre 17
   Die Mission 23
   Bibliographie 28

Ihr müsst eine Pyramide der göttlichen Realität in eurem eigenen Bewusstsein errichten
10. März 2005 32

Lernt, die Wurzel der Wahrheit zu erkennen
17. März 2005 36

Ich bin gekommen, um euer Bewusstsein aus einem langen und tiefen Schlaf zu erwecken
23. März 2005 42

Eine Lehre über die Gemeinschaft
3. April 2005 48

Jeder Akt des Dienstes für alle Lebewesen verringert die Wahrscheinlichkeit des nächsten drohenden Kataklysmus
2. Mai 2005 55

Unsere Aufgabe ist es, die Erde mit neuen Schwingungen, mit einem neuen Bewusstsein und einer neuen Einstellung zur Welt zu nähren
23. Mai 2005 62

Wir warten geduldig auf euer Erwachen und auf eure Bereitschaft
4. Juni 2005.. 70

Ihr müsst den höheren Weg gehen
22. Juni 2005.. 78

Über Briefe an den Karmischen Rat
22. Dezember 2005.. 86

Der Schlüssel zu eurer Zukunft und zur Zukunft des ganzen Planeten ist euer Bewusstsein
18. April 2006... 92

Setzt euch dem Wind der Veränderungen aus, und habt keine Angst davor, euch zu erkälten und krank zu werden
26. April 2006... 98

Eine Lehre über das Glück
10. Juli 2006... 105

Eine Botschaft zum Jahresbeginn
1. Januar 2007 111

Über die aktuelle Situation auf der Erde
7. März 2007 118

Eine Lehre über das Handeln auf der physischen Ebene
29. Juni 2007 122

Eine Lehre über das Buddha-Bewusstsein
9. Juli 2007 128

Eine Lehre über die Veränderung des Bewusstseins
1. Januar 2008 134

Eine Lehre über das Unterscheidungsvermögen
9. Januar 2008 140

Derzeit ist ein sehr schmaler Abschnitt auf dem Weg der Evolution
1. Januar 2009 146

Eine Lehre über die Bewältigung von Konflikten
1. Juli 2009 152

Eine Lehre über die gegenwärtige Situation auf der Erde und über die Richtung eurer spirituellen Suche
13. Dezember 2009 158

Nehmt die Gabe dieser Botschaft in euer Herz auf
2. Januar 2010 164

Eine Lehre über die Gemeinschaft
15. Januar 2010 171

Ein Gespräch über die Notwendigkeit, einige negative Charakterzüge zu überwinden
10. Juni 2010 177

Eine traditionelle Botschaft zum Jahresbeginn
1. Januar 2011 183

Ich rufe euch zu einer Reise in die reale Welt
22. Juni 2011 188

Botschaft zum Jahresbeginn
1. Januar 2012 194

Ändert euch selbst, seid zielstrebig, und ihr werdet das goldene Gewand eines Buddhas und den Schatz der göttlichen Weisheit erlangen
21. Juni 2013 200

Die wichtigsten und dringendsten Bestimmungen der Lehre für den gegenwärtigen Zeitpunkt
24. Juni 2014 207

Ich bin gekommen, um euch die Situation zu erklären, die sich auf dem Planeten entwickelt hat
24. Dezember 2014 214

Über die Gesandte 222

BUDDHA GAUTAMA (621 – 543 v. Chr.).
Ein großer Weiser aus Indien.
Begründer des Buddhismus

Buddha ist kein Name. Aus dem Sanskrit wird dieses Wort mit *erwacht, erleuchtet, vom Licht erfüllt* übersetzt. Im Buddhismus bedeutet es „ein hoher Zustand der spirituellen Vervollkommnung" – der Bewusstseinszustand eines Menschen, der die Wahrheit erkannt hat und zum Meister der höchsten Weisheit wurde.

Die buddhistische Kosmologie spricht von einer großen Anzahl solcher Wesenheiten, und Buddha Gautama (in einigen Quellen Gotama) ist eines der Glieder in einer Reihe von Buddhas, die ihren Anfang in ferner Vergangenheit hat und in die ferne Zukunft reicht.

In der „Geheimlehre" finden „Berichte der fünfunddreißig Buddhas des Bekenntnisses" Erwähnung, und H. P. Blavatsky teilt folgendes mit:

„Diese Persönlichkeiten können jedoch, obwohl sie in der nördlichen buddhistischen Religion Buddhas genannt werden, ebenso gut Rishis, Avatâras u.s.w. genannt werden, da sie die „Buddhas, welche dem Shâkyamuni vorangegangen sind", nur für die nördlichen Befolger der von Gautama. gepredigten Ethik sind. Diese großen Mahâtmâs oder Buddhas sind allgemeines und gemeinsames Eigentum; sie sind historische Weise – auf jeden Fall für alle Occultisten, die an eine solche Hierarchie von Weisen glauben, und denen die Existenz derselben von den Gelehrten der Brüderschaft bewiesen worden ist. Sie sind ausgewählt aus der Mitte von etwa siebenundneunzig Buddhas in einer Gruppe, und dreiundfünfzig in einer andern…" (Band II, S.441).

Und weiter in der Fußnote:

„Gautama Buddha, genannt Shâkya Thüb-pa, ist der siebenundzwanzigste der letzten Gruppe, da die meisten von diesen Buddhas den göttlichen Dynastien angehörten, die die Menschheit unterwiesen".

Nach seiner Erleuchtung wurde Prinz Siddhartha Gautama Buddha Schakyamuni genannt, das heißt, der „erweckte Weise aus der Königsfamilie Schakya". Gautama Buddha sagte das Erscheinen des nächsten, ihm folgenden Buddha Maitreya „fünftausend Jahre nach seinem [Gautamas] Tod" voraus, wie es im Lexikon der Geheimlehren von H.P. Blavatsky gesagt wird.

Wenden wir uns nun der Lebensgeschichte und der Essenz der Lehre des größten Weisen aus Indien, des Begründers des Buddhismus Gautama Buddha zu.[1]

---

[1] Die hier gegebene Lebensbeschreibung Gautama Buddhas folgt dem Buch „Die Großen Moralisten" von Valentina Polyan.

Ort und Zeitpunkt der Geburt. Die Familie. Legenden

Geburtsort: der Norden Indiens, das Himalaya-Fürstentum Nepal mit der Hauptstadt Kapilavastu. Geburtszeit: Es wurde eine Urne mit der Asche des

Buddha und den Daten 621 - 543 v. Chr. gefunden, wonach Buddha 78 Jahre lebte. Mündliche Überlieferungen besagen, dass er 100 Jahre lebte und 78 Jahre lehrte. Gotama wurde in den ersten Maitagen bei Vollmond geboren. Seine Eltern stammten aus dem königlichen Geschlecht der Shakya: Sein Vater war der König Shuddhodana und seine Mutter Maya. Der vollständige Name des Prinzen ist Gotama (siegreich), Shakyamuni (Shakya oder Sakya ist der Familienname, „muni" bedeutet mächtig in Barmherzigkeit, Einsamkeit und Stille), Prinz von Kapilavastu Siddhartha (der seine Vorbestimmung erfüllte). […]

Der Name Gautama Buddha ist, wie der anderer großer Weiser, von Legenden umgeben. Eine der Legenden erzählt davon, dass Buddha Maya, die reinste aller Frauen, als seine Mutter erwählte und in Form eines wunderschönen weißen Elefanten in ihren Körper eintrat. Das Bild des weißen Elefanten ist in indischen Überlieferungen ein Symbol für die Geburt des göttlichen Avatars Vishnu (ein Avatar ist eine göttliche Inkarnation). Eine andere Legende berichtet, dass der große Rishi Atisha, ein Einsiedler, der im Himalaya lebte, kam, um den neugeborenen Bodhisattva (Sohn des himmlischen Buddha) zu begrüßen. Nach der damaligen Tradition versammelten sich am fünften Tag nach der Geburt des Bodhisattva 108 weise Brahmanen im Palast des Königs, um dem Prinzen einen Namen zu geben und sein Schicksal vorherzusagen. Die gelehrtesten von ihnen sagten voraus, dass der Prinz sich von der Welt zurückziehen wird, wenn er vier Zeichen sieht – einen Alten, einen Kranken, einen Toten und einen Einsiedler –, und dass er, wenn die Zeit kommt, ein Buddha werden wird.

Prinz Siddhartha wurde als Thronfolger erzogen. Er genoss alle Freuden, die Schönheit, Gesundheit, Macht und Reichtum verleihen. Als er das heiratsfähige Alter erreichte, heiratete er ein schönes Mädchen. Er wurde auf jede erdenkliche Weise vor Unheil und Leid bewahrt. Die vier vorhergesagten Begegnungen brachten ihn mit menschlichem Leid in Berührung und veranlassten ihn, sein Schicksal zu ändern. Er spürte ein unwiderstehliches Verlangen, die Ursache menschlicher Leiden zu ergründen und entschloss sich, den Palast, seine Eltern, seine geliebte Frau und seinen neugeborenen Sohn zu verlassen.

Meilensteine seines Lebens

Im Alter von 24 Jahren (anderen Quellen zufolge mit 29 Jahren) verließ der Prinz den Palast und zog in die Welt. Er ging den Weg reinen Lebens, tiefen Nachdenkens, einer gewaltigen Anstrengung des Geistes. In der damaligen Zeit zog es viele Menschen in Indien zu einer spirituellen Suche. Hunderte von Menschen, jung und alt, verließen ihr Zuhause, um spirituelle Erleuchtung zu erlangen, und wurden zu Einsiedlern auf der Suche nach Weisen, die ihnen helfen würden, das wahre Leben zu finden. Unter den Einsiedlern fand der Prinz erfahrene Lehrer. Sie machten ihn mit philosophischen Lehren vertraut, mit Methoden der Kontemplation und der Kontrolle seines Körpers, aber bei niemandem fand er die höchste Wahrheit, die vom Leid erlöst. Mehrere Jahre lebte er wie ein Asket, wanderte durch die Wälder, ging von einem Dorf zum anderen und lebte von Almosen. Es waren Jahre strenger Askese. Er unterzog sich den schwierigsten Prüfungen, um Erleuchtung zu erlangen und die höchste Wahrheit zu finden. Er schützte sich nicht vor der sengenden Sonne, dem Regen, den Insekten. Er weigerte sich, selbst die geringste Nahrung aufzunehmen, bis er eines Tages bewusstlos wurde. Durch Erfahrung davon überzeugt, dass Askese wertlos ist, bezeichnete Gotama sie als einen falschen Weg, was Feindseligkeit bei den Asketen hervorrief.

Wie andere große Vorreiter des Glaubens wurde auch Buddha gemäß der Überlieferung schrecklichen Versuchungen ausgesetzt, durch welche der Fürst der Dämonen, der Geist des Bösen Mara versuchte, Buddhas Bemühungen zunichtezumachen. Legionen böser Geister flüsterten Siddhartha Worte des Zweifels zu. Schreckliche Ungeheuer umgaben den Asketen. Eine Schar von liebreizenden Apsaras, Töchtern des Mara, versuchte Gotama mit wollüstigen Bewegungen und Versprechungen zu umgarnen. Der oberste Dämon selbst versprach dem Buddha alle Königreiche der Erde und ihre Herrlichkeit, wenn er seine Suche nach Weisheit aufgeben würde. Nachdem Sakya-Muni in allen Versuchungen den Sieg errungen hatte, erlangte er höchste Weisheit und Erleuchtung. In Bodhi Gaya, in einem heiligen Hain am Ufer eines Flusses, an einem Ort namens Uruvella, ereignete sich die höchste *Erleuchtung*, um die er so lange gerungen hatte. Im Alter von 29 Jahren erlangte er das vollkommene Wissen und die vollkommene Weisheit, und wurde ein Buddha. Sein Denken wurde klar und richtete sich auf das Werk, das er vollbringen musste.

Buddhistische Überlieferungen sprechen auch von Wanderungen des Lehrers über die Grenzen Indiens hinaus - nach Tibet, Khotan und in den Altai. Alte Legenden erzählen von der großen geheimen Wanderung des Buddha auf den Straßen Asiens und von seinem Besuch des Weißen Berges (Belucha) im Altai. In geheimen Büchern gibt es

Hinweise darauf, dass der Buddha, bevor er in Benares predigte, Geheimnisse der Weisheit an einem geheimen Ort im Himalaya erfasste.

Buddha hielt seine erste berühmte Predigt über die fundamentalen Grundsätze seiner Lehre in einem Park in der Nähe von Benares. Bald bildete sich um ihn herum eine Gemeinschaft, die schnell wuchs. Jeder wurde in die Gemeinschaft aufgenommen – unabhängig von Kaste, Geschlecht oder Vermögenslage. Beitritt und Austritt standen einem frei. Diejenigen, die kamen, erklärten einfach ihre Bereitschaft, der Lehre Buddhas zu dienen. Wenn ein Mensch die Gemeinschaft verließ und dann zurückkehrte, wurde ihm nur eine Frage gestellt: „Du verleugnest doch nicht die Lehre?" Während ein Verleugnen der Lehre zurückgewiesen wurde, versklavte die Lehre niemanden. Es gab nur wenige Regeln, und sie waren darauf ausgerichtet, die Selbstständigkeit der Schüler zu bewahren. Buddha war darum bemüht, dass das Leben in der Gemeinschaft von Freude erfüllt war. Die Ausbildung begann mit der Reinigung des Herzens und des Bewusstseins von Vorurteilen und schlechten Eigenschaften. Von den Schülern wurde verlangt, moralisch rein zu sein und auf persönliches Eigentum zu verzichten. „Das Gefühl des Eigentums wird nicht an Dingen gemessen, sondern an Gedanken. Man kann Dinge haben, ohne Eigentümer zu sein". Buddha riet dazu, weniger Dinge zu haben, damit man ihnen nicht zu viel Zeit widmete.

Auch Familien kamen in die Gemeinschaft. Die unerlässliche Bedingung war, nur eine Frau zu haben und ihr treu zu sein. Buddha versuchte, Verbote zu vermeiden. Es gab kein Verbot für diejenigen, die Fleisch essen wollten. Es gab ein Alkoholverbot.

Buddha gebot, alles Negative zurückzuweisen und alles Schöne zu fördern. „Ich lehre, Sinha, solche Handlungen auszuführen, die in Taten, Worten und Gedanken rechtschaffen sind; ich lehre all jene Zustände der Seele zu manifestieren, die rechtschaffen sind und nichts Böses bringen". Sein Ziel war das Wachstum und die Entwicklung der Seele seiner Schüler. Buddha tat alles, damit seine Schüler Freunde werden. Er versuchte die besten Bedingungen zu schaffen, damit sie das höhere Wissen erlangen konnten. Wenn der Schüler seine Gefühle meisterte und auf alles Persönliche verzichtete, gab ihm der Lehrer eine Aufgabe und gewährte ihm Zugang zu den Tiefen des Wissens. Buddha tat alles, um Arbeiter für das Gemeinwohl, Schöpfer eines neuen Bewusstseins und Vorreiter der Gemeinschaft vorzubereiten, die bereit waren die neue Lehre zu tragen. Er schickte sie ins Leben als Lehrer und Gründer neuer Gemeinschaften.

45 Jahre lang lehrte der Buddha im Ganges-Tal in der Nähe von Benares und baute dort Gemeinschaften auf. Die Überlieferung berichtet von Gotamas Besuch in seiner Heimatstadt, von einem Treffen mit seinem Vater, seiner Frau, von der Bekehrung seines Bruders und seines Sohnes

zur neuen Lehre sowie von vielen neuen Bekehrungen von Königen und einfachen Sterblichen, Reichen und Armen.

Im Alter von 80 Jahren erreichte Buddha das Nirvana[2] und galt daher für die Welt der Lebenden als tot. In Wirklichkeit lebte Buddha 100 Jahre lang. Er beendete seine Lehrtätigkeit in Kushinagar. Die Überreste Buddhas wurden verbrannt.

Das innere Bild des Buddha

„Nie gab es eine große religiöse Reform, die nicht am Anfang rein war. Die ersten Anhänger Buddhas, ebenso wie die Jünger Jesu, waren allesamt Menschen der höchsten Moralität" (Isis Entschleiert, Band II).

„Ich zögere nicht zu sagen", bemerkt seinerseits Barthelemy St. Hilaire, „dass es, ausgenommen Christus allein, nicht eine Figur unter den Religionsgründern gibt, die reiner oder berührender als die Buddha's wäre. Sein Leben ist unbefleckt. Sein beständiger Heroismus gleicht seiner Überzeugung.... Er ist das vollkommene Modell aller

---

[2] „Nirvana ist der Zustand der Vollkommenheit aller Elemente und Energien einer Individualität, die die höchste Intensität erreicht haben, die in diesem kosmischen Zyklus zugänglich ist". Dies ist eine der vielen Definitionen des Nirvana, die dem Buch „Grundsätze des Buddhismus" entnommen ist.

Tugenden, die er predigt; seine Selbstverleugnung, Nächstenliebe, unwandelbare Sanftheit der Veranlagung verließen ihn nicht für einen Augenblick... Und als er in den Armen seiner Jünger starb, geschah es mit der Würde eines Weisen, der während seines Lebens nur Tugenden geübt hat, und der überzeugt davon starb, die Wahrheit gefunden zu haben." (Isis Entschleiert, Band II).

Die Lehre

Der Grundgedanke des Buddhismus ist, dass alles im Kosmos nach ständiger Erneuerung strebt. Es gibt keine unveränderliche Seele, sie verändert sich ständig. Alles im Kosmos ist dem Gesetz der Kausalität unterworfen: Weder Menschen noch Götter sind Ausnahmen von diesem universellen Gesetz. Ein Wesen, das Ursachen erzeugt, muss Verantwortung für sie tragen, in diesem Leben oder in einer erneuten Geburt, die es gemäß seinem Karma erhalten wird – gemäß seinen guten und schlechten Gedanken und Taten. „Ich lehre nichts anderes als das Gesetz des Karmas". Der Buddha lehrte, dass es kein unabhängiges, vom Leben getrenntes „Ich" gibt. Und da es kein getrenntes „Ich" gibt, kann nicht behauptet werden, dass etwas mir gehört. Die Erkenntnis des Gesetzes der Einheit im Kosmos untergräbt das Konzept des Eigentums. Gotama Buddha gab der Welt die Lehre des Lebens, die die Menschen lehren sollte, die großen Wahrheiten im täglichen Leben anzuwenden. Er lehrte die Ethik des Lebens.

Buddha sagte, dass die Ursache der Leiden und aller Übel der Menschheit die Trübung des Bewusstseins, das Verlangen und die Begierden sind. Unwissenheit ist das größte Übel und Verbrechen. Er entdeckte, dass der Weg der Befreiung von Leiden darin besteht, das Bewusstsein zu erleuchten und sich selbst allmählich zu vervollkommnen. Nachdem Buddha den Weg zu dieser Wahrheit geöffnet hatte, teilte er ihn in acht Stufen ein: Unterscheidungsvermögen, das auf der Erkenntnis des Gesetzes der Kausalität beruht, Denken, Sprechen, Handeln, Leben, Arbeiten, Wachsamkeit und Selbstdisziplin, Konzentration. Der edle Pfad der acht Stufen ist der Weg der Harmonisierung der Gefühle und der Erlangung der Vollkommenheit des Arhats: Mitgefühl, Rechtschaffenheit, Geduld, Mut, Konzentration und Weisheit.

Auf dem Weg zur Selbsterkenntnis erwarten einen Menschen zehn Hindernisse oder Fesseln: die Illusion der Persönlichkeit, Zweifel, Aberglaube, körperliche Leidenschaften, Hass, eine Bindung an das Irdische, Verlangen nach Vergnügen und Ruhe, Stolz, Selbstgefälligkeit, Unwissenheit. Nur wenn man all diese Fesseln zerreißt, kann man höheres Wissen finden und Befreiung – Nirvana – erlangen. Es reicht nicht aus, die Lehre einfach zu akzeptieren. Man muss sie im Leben befolgen. Alles kann nur durch persönliche Anstrengungen, durch menschliche Hände und Füße erreicht werden. „Unsterblichkeit kann nur durch ständige gute Taten erreicht werden; und Vollkommenheit wird nur durch Mitgefühl und Barmherzigkeit erlangt".

Gutes zu tun und zu erkennen mit dem Ziel, Unsterblichkeit zu erlangen, hat nichts mit dem edlen Pfad zu tun. Nirvana bedeutet Selbstlosigkeit. „Ohne den Gedanken an irgendwelche Belohnungen und Verdienste muss das Leben durchschritten werden, und ein solches Leben ist das größte". Das Fundament des edlen Pfades ist moralisch-sittliche Reinheit. Das höchste Ziel – Nirvana – kann erreicht werden, indem man dem Weg der Tugend folgt.

Die religiösen Abhandlungen des Buddhismus („Pratimoksha Sutra" und andere) enthalten die folgenden zehn Gebote:

1. Du sollst kein lebendes Geschöpf töten;
2. Du sollst nicht stehlen;
3. Du sollst deinen Eid der Keuschheit nicht brechen;
4. Du sollst nicht lügen;
5. Du sollst die Geheimnisse der anderen nicht verraten;
6. Du sollst den Tod deiner Feinde nicht wünschen;
7. Du sollst nicht nach dem Reichtum des anderen trachten;
8. Du sollst kein beleidigendes und törichtes Wort aussprechen;
9. Du sollst nicht im Luxus schwelgen (auf weichen Betten schlafen und träge sein);
10. Du sollst nicht Silber oder Gold annehmen.

(H. P. Blavatsky: Isis Entschleiert. Band II, S.164).

Buddha lehrte, die Gesetze der Natur und der eigenen Seele zu erkennen, sich selbst nicht in Ketten zu legen, die Ursachen der Leiden zu sehen und imstande zu sein, sie durch Wohltaten zu korrigieren, die Wahrheit selbstständig zu erfassen, den eigenen Glauben zu ehren und nicht über andere zu lästern, nicht zu verleugnen oder verneinen, Wissen mit anderen zu teilen. Er lehrte, furchtlos zu denken und zu handeln. „Über allem steht der Gedanke". „Alles wird durch den Gedanken vollbracht". Der Gedanke schafft sowohl Gutes als auch Böses. Buddha lehrte, Gegensätze miteinander zu vereinbaren.

Buddha lehrte, dass die Lehre in der Sprache des Volkes, unter Verwendung von Vergleichen, bekannten Geschichten und Legenden dargelegt werden sollte. Seine Rede überzeugte durch die Kraft der Einfachheit und Klarheit.

Die Lehre Buddhas enthält keine Gewalt. „Er führt andere, ohne auf Gewalt zurückzugreifen". „Er wird als großherzig bezeichnet, wenn er keinem Lebewesen Gewalt antut".

Buddha weist persönliche Anbetung zurück. Die Lehre rettet nicht, weil Buddha sie gibt, sondern weil sie Befreiung ist. Das Grundprinzip der Lehre ist, selbst nach der Wahrheit zu suchen. Glaube nicht nur, weil andere glauben. Forsche. Aus diesem Grund waren Fragen und eine freie Diskussion über das, was unterrichtet wurde, willkommen. Wahrheit ist Freiheit.

Buddha richtete seine Schüler auf die Zukunft aus und gebot ihnen, ihn selbst weniger zu verehren als jenen Lehrer, der in der Zukunft kommen wird. Die Geschichte kennt kein anderes Beispiel für eine solche Selbstverleugnung. „Ich bin nicht der erste Buddha, der auf die Erde kam, auch werde ich nicht der letzte sein. Zur rechten Zeit wird ein anderer

Buddha in der Welt erscheinen, der Verborgene, von höchster Erleuchtung, mit Weisheit begnadet, glücklich, das gesamte Universum umfassend, ein unvergleichlicher Führer der Völker... Er wird das rechtschaffene Leben verkünden, vollkommen und rein, welches ich auch jetzt predige ... Sein Name wird ‚Maitreya' sein".

Die Mission

Der große Lehrer schuf eine Synthese der Gebote aller Lehrer des Gemeinwohls, die vor ihm kamen. Er öffnete erneut die Veden für die Menschen. […] Er bejahte die Idee der Weltgemeinschaft als einer weltweiten Zusammenarbeit der Völker: Nichts existiert außerhalb der Zusammenarbeit und gegenseitigen Hilfe. Er war der erste, der von der Gleichberechtigung der Menschen sprach und gegen das Kastenwesen anging. Er war der erste in der Geschichte der Religionen, der seine Predigten in die Tat umsetzte. Die Lebendigkeit seiner Lehre wird durch überzeugende Tatsachen bestätigt. Der Buddhismus hat sich nicht entehrt, indem er den Glauben mit Feuer und Schwert durchsetzte, und er war im Laufe von 27 Jahrhunderten hinweg weniger Verzerrungen ausgesetzt als andere Religionen.

„In der Nähe des geheimnisvollen Uruvela[3] nähert sich Buddha dem einfachsten Ausdruck aller gesammelten spirituellen Errungenschaften. Und an den Ufern des Nairañjana wird er von der Entschlossenheit erfüllt, Worte über die Gemeinschaft, über den Verzicht auf Privateigentum, über die Bedeutung der Arbeit für das Gemeinwohl und

---

[3] Genauer gesagt, Uruvilva, an den Ufern des Flusses Nairañjana, in der Nähe des heutigen Bodh Gaya im Nordosten Indiens; hier soll Buddha die Erleuchtung erlangt haben.

über den Sinn der Erkenntnis zu sprechen. Eine wissenschaftliche Herangehensweise an die Religion zu etablieren war eine wahre Heldentat. Den Eigennutz der Priester und Brahmanen zu entlarven, bedeutete die höchste Furchtlosigkeit. Es war unerhört schwierig, die wahre Triebfeder der menschlichen Kräfte offenzulegen. Es war von außerordentlicher Schönheit, dass der König in Gestalt eines mächtigen Bettlers kam.

In der Erkenntnis der Evolution der Menschheit nimmt Buddha als Personifikation der Gemeinschaft einen unbestreitbar schönen Platz ein". (Nicholas Roerich, Altai-Himalaya)

„Die große Individualität Buddhas, sein feuriges Ego, gekleidet in Materia Lucida [die feinste, aber immer noch undurchsichtige leuchtende Substanz], befindet sich jetzt in den Sphären, die unseren Planeten umgeben. Angesichts der bedrohlichen Zeit Armageddons kann man vielen feurigen Bewohnern der Sphären begegnen, die nicht sehr weit von der Erde entfernt sind; denn die Annäherung feuriger Energien macht eine solche Begegnung möglich. Daraus könnt ihr verstehen, wie bedrohlich die Zeit ist, die wir durchleben, und welche Mächte sich an der Rettung unseres Planeten beteiligen". (Briefe von Helena Roerich Band I, Brief vom 30.04.1935)

* * *

In 31 Botschaften, die im 21. Jahrhundert durch Tatyana Mickushina übermittelt wurden, gibt Gautama Buddha in verständlicher Sprache neue Lehren (die aber gleichzeitig so alt wie die Welt sind): eine Lehre über das Glück, eine Lehre über das Unterscheidungsvermögen, eine Lehre über das Bewusstsein eines Buddhas, eine Lehre über die Veränderung des Bewusstseins, eine Lehre über die Überwindung von Konflikten, eine Lehre über die Gemeinschaft und andere.

Wir führen einige Aussagen von Buddha an[4]:

aus der Lehre über die Überwindung von Konflikten: „Ihr braucht eure Überzeugungen nicht mit Gewalt zu verteidigen. Es ist Zeit, auf eine andere Bewusstseinsebene überzugehen, auf der jeder Konflikt durch die innere Arbeit eines jeden Mitglieds der Gesellschaft an sich selbst gelöst werden kann";

aus der Lehre über das Buddha-Bewusstsein: „Die Ebene des Buddha-Bewusstseins ermöglicht euch, in eurem Bewusstsein zu jener Ebene emporzusteigen, auf der keine Trennung nach Nationalität, Vermögen, Religion oder politischer Zugehörigkeit für euch von Bedeutung ist. Denn ihr erhebt euch über alle vom menschlichen Bewusstsein geschaffenen Trennungen, und ihr seid in der Lage,

---

[4] Die Zitate stammen aus der Buchreihe: Worte der Weisheit. Die Botschaften der Aufgestiegenen Meister. Von T.N. Mickushina (2005 – 2021).

hinter der ganzen Vielfalt des Lebens nur die Einheit zu sehen.

aus der Lehre über das Glück: „Glück ist einfach ein Zustand eures Geistes". „…Wenn ihr lernt, euch über die Errungenschaften anderer zu freuen, werdet ihr auf diesem Wege für euch selbst die Möglichkeit eröffnen, ebenfalls erfolgreich zu sein". „…Wahres Glück liegt in eurer Fähigkeit, euch für das Wohlergehen anderer Lebewesen zu opfern… Und ihr werdet diesen Zustand für keine Reichtümer der Welt eintauschen".

Wie wir sehen, enthält die heutige Lehre Buddhas dieselben Wahrheiten. Und sie sind nach wie vor aktuell.

Jeder Mensch kann Erleuchtung erlangen, das heißt ein Buddha werden, wenn er nach Tugend strebt.

Bibliographie

1. Agni Yoga. Verschiedene Übersetzungen und Ausgaben in deutscher Sprache.

2. Buddha. Aus den Werken von Le Bon. Hundert berühmte Persönlichkeiten der Welt. Kiew: Musa 1991.

3. Das Leben Buddhas. Hrsg. S. A. Komissarov. Nowosibirsk: Sibirischer Verlag der Russischen Akademie der Wissenschaften, V. P. Androsov. 1994.

4. Briefe von Helena Roerich. 1929 – 1938. Verschiedene Übersetzungen und Ausgaben in deutscher Sprache.

5. Polyan V.I.: Große Moralisten – Begründer der Weltreligionen. Aus der Reihe „Spirituelle und moralische Kultur". Omsk: Verlag „SiriuS", 2009.

6. H. P. Blavatsky: Isis Entschleiert. Meisterschlüssel zu alter und neuer Wissenschaft und Religion. Bd. 1 & 2. Verschiedene Ausgaben in deutscher Sprache.

7. Nicholas Roerich: Altai-Himalaya. A Travel Diary. New York: Nicholas Roerich Museum, 2017.

8. Rokotova N. Grundlagen des Buddhismus. Novosibirsk: Sibirische Roerich-Gesellschaft, 1990.

9. Worte der Weisheit. Die Botschaften der Aufgestiegenen Meister. Sunderland, UK & Berlin: Danuih Verlag, 2023 / 2024.

10. H. P. Blavatsky: Die Geheimlehre. Vereinigung von Wissenschaft, Religion und Philosophie. Verschiedene Ausgaben in deutscher Sprache.

11. Lexikon der Geheimlehren. Nach dem ursprünglichen Manuskript von H. P. Blavatsky. Verschiedene Ausgaben in deutscher Sprache.

Nie gab es große Errungenschaften des Geistes unter Menschenmengen. Alle heroischen Taten des Geistes wurden in der Stille, bei Kerzenlicht und im Gebet vollbracht. Ihr steigt in eurem Inneren auf. Auf der Leiter, die nach oben führt. Die Beispiele, die ihr aus der Geschichte kennt, sind nur der kleine Teil des Eisbergs, der über dem Wasser liegt. Und durch diese einzelnen Beispiele hat die Menschheit die Möglichkeit, ihren Kurs zu überprüfen.

Es gab nur einen Jesus. Doch seine heroische Tat des Geistes weist noch heute vielen Suchenden den Weg. Aber damit diese heroische Tat des Geistes vollbracht werden konnte, waren viele Jahre der Vorbereitung und die Erfahrung aus vielen vergangenen Verkörperungen erforderlich. So auch ihr: Sucht nicht außerhalb von euch selbst nach dem, was ihr für euer spirituelles Wachstum braucht. Sucht in eurem Inneren – dort ist eine Tür, die in die Ewigkeit führt.

Gautama Buddha
13. Dezember 2009

Ihr müsst eine Pyramide der göttlichen Realität in eurem eigenen Bewusstsein errichten

10. März 2005

ICH BIN der Herr der Welt, Gautama Buddha. Ich bin heute durch diese Gesandte gekommen, die mir die Möglichkeit gegeben hat, durch sie zu sprechen.

Seit meiner Verkörperung als Prinz Siddharta bin ich viele Male auf diesen Planeten gekommen und verweilte in den Tempeln jener Menschen, die sich auf meine Gegenwart vorbereitet haben. Ich tue dies auch weiterhin. Der Grad der Errungenschaften eines Buddhas ermöglicht es euch, eure eigene Gegenwart in viele Individuen zu projizieren, die sich in verschiedenen Systemen von Welten befinden.

[...]

... darum ist die wichtigste Aufgabe, die wir durch die Übermittlung dieser Botschaften durch diese Gesandte erfüllen möchten, die Erinnerung an euer wahres Selbst zu wecken und diese tiefe Erinnerung bis zu eurem äußeren Bewusstsein zu bringen.

Ihr habt bemerkt, dass diese Botschaften in sehr einfacher Sprache gegeben werden. Sie erhalten keinerlei komplizierte Darlegungen und ausgeklügelte Wahrheiten. Die göttliche Wahrheit ist nämlich in Wirklichkeit sehr einfach, und sie ist selbst dem

Bewusstsein eines Kindes zugänglich. Genauer gesagt, ist sie gerade nur einem kindlichen Bewusstsein zugänglich.

Die sogenannte Lebenserfahrung, die ihr im Laufe eures Aufenthalts auf der Erde sammelt, erschwert in der Regel die Wahrnehmung dieser Wahrheit.

Eure Lebenserfahrung ist das, was es euch ermöglicht, unter den Bedingungen der Illusion der physischen Welt zu existieren. Um aber die göttliche Wahrheit zu erkennen, muss man gerade die in der physischen Welt gesammelten Erfahrungen zurücklassen.

Dies ist jene Eigenschaft, die ihr meistern müsst. Ihr müsst ständig die Gegenwart der beiden Prinzipien in euch spüren, die des geistigen und die des physischen Prinzips. Ihr müsst euch ständig daran erinnern, dass das geistige Prinzip der Hauptbestandteil eurer selbst ist. Der physische Teil eurer selbst ist aber vergänglich und für euch nur in einem bestimmten Abschnitt eurer individuellen Evolution notwendig.

Wenn eure Identifikation mit eurem wahren, geistigen Teil eurer selbst einen bestimmten kritischen Punkt erreicht, beginnt ihr nach und nach den unwirklichen Teil eurer selbst abzulegen. Eure Körper werden immer mehr an Dichte verlieren, und allmählich werdet ihr euch von euren physischen Körpern befreien. Ihr müsst aber verstehen, dass dies kein einmaliger Prozess ist. Dies ist ein

Prozess, der viele Hunderttausende und Millionen von Jahren dauert. Gleichzeitig mit der Veränderung eurer physischen Körper wird sich auch die physische Umgebung eurer Welt ändern, die im Grunde genommen nur ein Spiegel ist, in dem sich euer Bewusstsein widerspiegelt.

Deshalb werdet ihr in Hunderttausenden von Jahren in einer anderen, weniger dichten Welt existieren. Dies wird aber erst dann geschehen, wenn ihr euer Bewusstsein verändert habt.

Ihr versteht also, dass alles, was sich allzu sehr an Dinge dieser illusorischen Welt bindet, in der neuen Realität nicht existieren kann, die der Plan Gottes für diesen Planeten ist, genau wie auch für andere Planeten und Welten.

Und wahrlich, diese Menschen können mit dem Gras des letzten Jahres verglichen werden, das in der neuen Welt nicht existieren kann und schlichtweg einem kosmischen Ofen übergeben werden muss.

Wir kommen immer wieder, um euer Bewusstsein für die Erkenntnis der neuen Epoche, der neuen Zeit, zu erwecken.

Und wir wiederholen für euch unermüdlich immer wieder ein und dieselben Dinge. Und wir werden dies immer wieder tun, bis ihr euch mit dem unsterblichen Teil eurer selbst identifiziert und aufhört, euch an die alte Welt, euer altes physisches Zuhause zu klammern, das euch treu diente und euch die Möglichkeit gab, alles Notwendige für die Entwicklung eurer Seelen zu erhalten.

Jetzt ist es aber an der Zeit, in ein neues und vollkommeneres Haus umzuziehen. Und gerade jetzt ist der Moment gekommen, da ihr dieses Haus für euch selbst bauen müsst.

Und dieser Bau erfolgt in eurem Inneren durch die Veränderung eures Bewusstseins, und es ist ein grandioses Bauwerk. Ihr müsst in eurem eigenen Bewusstsein eine Pyramide der göttlichen Realität errichten.

Und ihr tut dies bereits. Ihr errichtet diese Pyramide, indem ihr diese Botschaften lest und wichtige Informationen in Form von Worten und Energien erhaltet, die für die Veränderung eures Bewusstseins erforderlich sind.

Ich bin froh über dieses Treffen mit euch. Und ich wünsche euch viel Erfolg auf eurem Weg.

ICH BIN Gautama,
und ich hoffe auf ein Treffen mit euch
in der näheren Zukunft durch diese Gesandte.

Lernt, die Wurzel der Wahrheit zu erkennen

17. März 2005

ICH BIN Buddha Gautama. ICH BIN erneut gekommen. Die Zeit ist knapp, und ich möchte das Wesentlichste sagen.

Lasst euch von der Hülle der Worte, in die wir unsere Botschaften kleiden, nicht verwirren. Die Worte sind das Gewand der Wahrheit, ganz wie die Blätter das Gewand der Bäume sind. Es kommt der Herbst, und die Blätter fallen. Und im Frühjahr erscheinen sie neu.

Genauso verhält es sich mit den Worten. Die Wahrheit ist in Worte gehüllt, und ihr bewundert diese Wahrheit. Es kommt aber die Zeit, wenn diese Worte trocken und leblos werden wie die Blätter im Herbst, doch nur, damit sich eine neue Wahrheit im nächsten Abschnitt des kosmischen Zyklus manifestieren kann.

Daher macht es keinen Sinn, sich an Worte zu klammern, in die die Wahrheit gehüllt ist. Lernt es, hinter den verschiedenen Lehren und Religionssystemen die EINE Wahrheit zu erkennen. Doch klammert euch nicht an Worte.

Eure Anhänglichkeit an dieses oder jenes System ähnelt einer Liebe für das Laub des vergangenen Jahres.

Lernt, die Wurzel der Wahrheit zu erkennen.

Die Wahrheit wird jetzt durch diese Gesandte gegeben. Wir wissen nicht, was im Weiteren geschehen wird. Allzu unberechenbar ist die Welt, in der ihr lebt. Daher wird euch die Richtung in Form von Energie, einer Art Magneten, gegeben, der es euch im Weiteren ermöglicht – wenn ihr euch von ihm leiten lasst – die Körnchen der Wahrheit zu finden, die in verschiedenen Lehren und Glaubensrichtungen verstreut sind.

Vergesst nicht, dass es nur eine Wahrheit gibt. Ihre Reflexion im Bewusstsein des Menschen ist aber unterschiedlich und wird durch die Entwicklungsstufe eines Menschen bestimmt.

Ganz so, wie die Bäume im Herbst ihre Blätter verlieren, verliert ihr eure physischen Körper, doch nur, um erneut in diese Welt zu kommen, von Neuem geboren zu werden und einen neuen Körper zu bekommen. Ein weiser Mensch denkt bereits in diesem Leben über sein zukünftiges Leben nach. Er versteht, dass jede seiner Entscheidungen, jede Tat und Handlung, jeder Gedanke und jedes Gefühl seine Zukunft in diesem Leben und die Umstände seines nächsten Lebens bestimmen.

Es ist sehr nützlich für eure Entwicklung, wenn ihr jeden Moment eures Lebens daran denkt, wie sich das, was ihr tut, auf euer zukünftiges Leben auswirkt. Trachtet nicht danach, den Lohn für eure guten Taten in diesem Leben zu erhalten. Trachtet danach, den Lohn im nächsten Leben zu empfangen. Das ist das Mindeste, was ihr tun solltet.

Diejenigen von euch, die aber bereits ein erweitertes Bewusstsein haben, verstehen, dass sie alle ein untrennbarer Teil Gottes sind und den Körper Gottes bilden, genauso wie alle anderen Lebewesen auf der Erde. Daher ist es für euch nicht länger von Bedeutung, selbst im nächsten Leben eine Belohnung zu erhalten.

Ihr seht eure Bestimmung darin, allen Lebewesen zu helfen, weil ihr selbst zugleich ein jedes dieser Wesen seid. Und da ihr mit der ganzen Schöpfung einen Organismus bildet, könnt ihr auch nicht länger behaupten, dass das jeweilige Organ oder System, dem ihr selbst angehört, am wichtigsten ist.

Wenn das Herz oder die Nieren in eurem Organismus behaupten würden, dass sie am wichtigsten seien und eine besondere Behandlung verdient hätten, so wirkt sich dies auf den gesamten Organismus aus. Der ganze Organismus wird sich krank fühlen.

Die Trennung eurer selbst von anderen Lebewesen im Universum existiert nur in eurem eigenen Bewusstsein, und sie ist nur für eure jetzige Evolutionsstufe charakteristisch.

Und je höher das Bewusstsein eines Menschen entwickelt ist, desto weniger sieht er in den verschiedenen Religionssystemen Widersprüche, und desto mehr spürt er die Einheit mit allen Lebewesen.

Versucht einmal, nach Widersprüchen und schlechten Dingen in allem zu suchen, was euch umgibt. Gerade so handelt das sogenannte egoistische, egozentrische Bewusstsein. Auf diese Weise senkt ihr eure Schwingungen so sehr, dass ihr aus der äußeren Welt die schlechtesten Erscheinungen in euer Leben zieht. Ihr werdet unglücklich. Und die Menschen um euch werden ebenfalls unglücklich.

Wenn man darüber nachdenkt, tun die meisten Menschen genau das. Sie bemerken vor allem die Mängel in allem, was sie umgibt. Und das ist nur natürlich. Ihr Bewusstsein ist so unvollkommen, dass es überall nur Unvollkommenheiten sieht. Daher sind solche Menschen eine Art Erzeuger der Unvollkommenheit, Erzeuger der Illusion. Sie produzieren gewaltige Mengen an Illusion und sind geradezu Meister im Erzeugen unvollkommener Gedanken, Gefühle und Taten.

Aber irgendwann muss dem ein Ende gesetzt werden.

Da jedoch in eurer Welt das Gesetz des freien Willens herrscht, müsst nur ihr selbst den Wunsch haben, diese Lage zu ändern. Nur ihr selbst könnt versuchen, euch und eure Einstellung zur umgebenden Welt zu ändern.

Verbannt aus eurem Kopf und Herzen alles, was trennt, alles, was euch dazu veranlasst, andere zu verurteilen und Unvollkommenheiten und Widersprüche in allem zu suchen. Verbannt aus eurem

Kopf die ständige Suche nach denen außerhalb eurer selbst, die euch eurer Ansicht nach stören und hinderlich sind. Es können eure Nachbarn, Vertreter eines anderen Weltanschauungssystems, gefallene Engel, das Übel der Welt sein.

Ja, es gibt in eurer Welt Unvollkommenheiten im Überfluss. Wenn ihr aber eure Aufmerksamkeit ständig auf die Unvollkommenheit konzentriert, begießt ihr freiwillig das Unkraut des unvollkommenen menschlichen Bewusstseins mit eurer göttlichen Energie.

Gebt acht, was ihr begießt und wofür ihr die von Gott gegebene Energie verwendet.

Haltet das Niveau eurer Schwingungen ständig auf der höchsten Ebene, die euch möglich ist. Es ist wirklich sehr schwierig, euer Bewusstsein ständig in Reinheit zu bewahren, während ihr euch inmitten von Unvollkommenheiten befindet. Doch genau dies müsst ihr tun. Nutzt alles, was euch dabei hilft, euer Bewusstsein zu erhöhen.

Gedichte. Musik. Natur. Mit Kindern spielen. Blumen.

Begießt mit der Energie eurer Aufmerksamkeit nur vollkommene Muster und Leitbilder.

Das heißt nicht, dass ihr euch von der Welt absondern sollt. Bleibt in der Welt, haltet euch in der unvollkommenen Manifestation auf, doch erlaubt nicht, dass diese Unvollkommenheit euer Bewusstsein und eure Seele beherrscht.

Wenn ihr damit beginnt, euch auf vollkommene, göttliche Manifestationen zu konzentrieren, so erhöht ihr eure Schwingungen. Ihr werdet zu glücklichen Menschen. Vergesst aber nicht, dass es eure Pflicht ist, auch allen anderen Lebewesen zu helfen. Das Gesetz dieses Universums besagt, dass das Höhere dem Niederen dient.

Wer ein ausreichend erweitertes Bewusstsein hat, ist dazu verpflichtet, seinen jüngeren Brüdern und Schwestern zu helfen.

Und wir geben euch ein Beispiel dafür. Seht, wie viel Kraft und Energie wir aufwenden, um euch zu helfen, den Lotos eures Verstehens der göttlichen Wahrheit zu öffnen.

Ich sage euch hier nichts, was ihr nicht bereits wüsstet. Eine Kleinigkeit bleibt aber zu tun. Ihr müsst im Leben in Übereinstimmung mit dem erhaltenen Wissen handeln.

ICH BIN euer Bruder Gautama.

Ich bin gekommen, um euer Bewusstsein aus einem langen und tiefen Schlaf zu erwecken

23. März 2005

ICH BIN Gautama Buddha, und ich bin erneut durch diese Gesandte gekommen.

Das Wissen, das ich euch heute geben möchte, stammt aus der Zeit meiner Verkörperung als Prinz Siddhartha. Ich war lange im Wald gewesen und zählte nicht länger die Tage. Es kam der tropische Regen, es kam die glühende Hitze. Dem Tag folgte die Nacht, und dann kam wieder ein neuer Tag.

Alles hörte auf, für mich noch irgendeine Bedeutung zu haben. Ich verstand, dass es in dieser Welt nichts mehr gab, was mich noch interessierte und meine Aufmerksamkeit anzog.

Ich saß unter dem Banyanbaum in Meditationshaltung. Mein Bewusstsein verließ mich, und ich ging in eine andere Realität ein – eine höhere Realität, die für mich viel wirklicher war als der Wald, in dem ich meinen physischen Körper zurückließ.

Ich saß weiter unter dem Baum und befand mich gleichzeitig in einer anderen, zeitlosen Realität. Ich erlebte Glückseligkeit, Freude und Freiheit. Es gibt in dieser Welt keine so starken Gefühle wie die, die ich in jener Realität erlebte.

Ich wollte nicht in meinen Körper zurückkehren. Allzu viele Begrenzungen und Finsternis herrschten in der Welt, in der ich meinen Körper zurückgelassen hatte, verglichen mit der Welt, in der ich während meiner Meditation verweilte.

Ich erlebte die Einheit mit dem Höchsten, das ich für Atman hielt. Es war eine Ekstase der Glückseligkeit, die sich in keiner irdischen Sprache beschreiben lässt.

Was brachte mich dazu, in den Körper zurückzukehren, den ich in Meditationshaltung unter dem Banyanbaum im Wald zurückgelassen hatte?

Ich musste anderen von der Erfahrung berichten, die ich gemacht hatte. Ich hatte einen Ort in meinem Inneren gefunden, an dem es weder Schmerz noch Leid gab, sondern nur Glückseligkeit, Frieden und grenzenlose Liebe.

Ich hätte noch länger an diesem Ort bleiben können. Viele Jahre hatte ich diesen Ort gesucht und endlich gefunden. Ich betrachte es als meine größte Errungenschaft in jener Verkörperung, dass ich mich dazu bringen konnte, in den Körper zurückzukehren. Mich bewegte das Mitleid mit allen Lebewesen, die auf der Erde zurückgeblieben waren und in ihrem äußeren Bewusstsein nichts von dem Ort wussten, an dem ich soeben gewesen war.

Ich kehrte in meinen Körper zurück. Obwohl die Sonne schien und es heiß war, fühlte ich Kälte und Finsternis um mich.

Vor mir stand eine schwierige Aufgabe – ich musste den Menschen von dem Ort erzählen, an dem ich soeben gewesen war, und ich musste ihnen den Weg zeigen, den ich selbst zu diesem Ort gegangen war, der in meinem Inneren lag.

Wie groß war mein Erstaunen, als ich Nachfolger fand. Diese Menschen hatten niemals die Glückseligkeit erlebt, die ich während meiner Meditationen erlebte. Sie waren weit von der Vollkommenheit entfernt. Und sie konnten die Reinheit meiner Schwingungen nicht spüren.

Viele von ihnen glaubten mir einfach blind. Ich sah in ihren Augen eine solche Sehnsucht nach jener Welt, von der sie keine Erinnerung in ihrem Geist bewahrt hatten. Doch sie glaubten alles, was ich ihnen sagte. Sie waren bereit, alle meine Anforderungen zu erfüllen, um den Zustand absoluten Glücks und Friedens wiederzuerlangen. Ich bewunderte und verehrte diese Menschen.

Ich war bereit, ihnen zu dienen, und ihnen zuliebe war ich zurückgekehrt.

Millionen von Lebewesen erleben unvorstellbares Leid auf diesem Planeten. Sie stecken in ihren physischen Körpern fest, die wie Mumien sind.

Und diese Menschen brauchten meine Hilfe. Ich kehrte zurück, um allen Lebewesen zu helfen.

Und ich tue dies bis zum heutigen Tag.

Ich bin in Tatyanas Körper gegenwärtig, und ich bin ebenso in den Körpern vieler anderer Menschenwesen auf diesem Planeten gegenwärtig. Und ich helfe ihnen aus ihrem Inneren. Es fällt euch schwer, dies zu glauben. Wahrscheinlich entspricht es nicht den Vorstellungen, die ihr aus verschiedenen Quellen und Büchern erhalten habt.

Doch ich und andere Meister der Weisheit befinden sich in eurem Inneren als Teil eurer selbst, als euer Höheres Selbst.

Und wir können diesen Planeten nicht verlassen, solange auch nur der kleinste Teil unserer selbst im Körper eines Menschen eingeschlossen ist, der immer noch gezwungen ist, sich auf diesem Planeten zu verkörpern und sich noch nicht vom Rad des Sansara befreien kann.

Deshalb kommen wir immer wieder mit unseren Lehren und reden auf einer Ebene, die jenen Menschen verständlich ist, von denen wir wissen, dass sie Zugang zu unseren Materialien erhalten werden.

Wie einfach wir auch die Wahrheit beschreiben, ihr werdet sie nicht verstehen. Und wie verwickelt wir auch die Wahrheit in Worte fassen, ihr werdet sie nicht verstehen. Aber ihr könnt die ganze Wahrheit mit einem Mal erfassen, als einen Moment der Erleuchtung eures Bewusstseins, als einen Moment der plötzlichen Erleuchtung. Ihr alle seid in der Lage, die Wahrheit zu erkennen. Und dies wird mit jedem von euch geschehen. Es mag sein, dass es nicht bei allen in diesem Leben geschehen wird. Aber ihr werdet unbedingt die Erleuchtung erleben. Die Wahrheit wird nicht in Worten oder Bildern zu euch kommen. Sie wird plötzlich in eurem Gehirn aufblitzen, und es wird wie ein Blitz sein, der die Erde von einem Ende zum anderen erhellt. Und ihr werdet nicht mehr schlafen können. Dieser Moment der Erleuchtung wird wie ein Erwachen aus einem langen Schlaf sein, in dem ihr Millionen von Jahren verbracht habt.

Dieser Moment des Erwachens kann mit nichts anderem verwechselt werden. Es ist der Moment, wenn euer Bewusstsein auf die Ebene eures Höheren Selbst aufsteigt. Und ihr werdet euch daran erinnern, wer ihr wirklich seid und wozu ihr auf die Erde gekommen seid.

Und ihr werdet nicht mehr schlafen können. Ihr werdet jede Minute und jede Sekunde eures Aufenthalts auf der Erde dazu verwenden, allen Lebewesen zu helfen und ihnen von der Erleuchtung zu erzählen, die ihr erlebt habt. Und ihr werdet ihnen den Weg zeigen, der im Inneren eures Herzens liegt.

Ihr werdet erwacht sein – ein Buddha in der Verkörperung.

Und dies ist die nächste Stufe in der Entwicklung der Menschheit – eine Rasse, die aus Buddhas besteht.

Doch zuvor werden immer mehr Menschen erscheinen, die sich durch ihre Fähigkeiten sehr von anderen Menschen unterscheiden. Diese Menschen werden auf der ganzen Erdkugel ihresgleichen finden und sich auf der Grundlage des gemeinsamen Dienens für alles Leben auf der Erde vereinigen. Es ist eine neue Rasse von Menschen, die Sechste Menschenrasse, die bereits in die Verkörperung kommt und sich unter gewöhnlichen Menschen manifestiert, die viele Beschränkungen ihres Bewusstseins noch nicht überwunden haben.

Wenn der Schnee taut, bilden sich zunächst einzelne Stellen, die vom Schnee frei sind. Dann werden diese Stellen immer größer. Das Gras tritt hervor, dann erscheinen Blumen. Und in kurzer Zeit verwandelt sich die ganze Erde soweit das Auge reicht und ist von neuen Farben und Düften erfüllt.

Die Veränderung der Erde wird sich nach kosmischen Maßstäben sehr schnell vollziehen. Und jetzt beobachten wir bereits einzelne Orte, die frei von der starren Kälte des Schlafes des menschlichen Bewusstseins sind. Diese Orte sind zum Erwachen bereit oder bereits erwacht, und schon blühen die ersten Blumen, die unter dem Schnee hervorgetreten sind.

Wir beobachten eure Blüte. Wahrhaftig erinnert ein Mensch mit geöffnetem Bewusstsein an eine ungewöhnliche Blume, wenn man ihn auf der feinstofflichen Ebene betrachtet.

Ich bin gekommen, um euer Bewusstsein aus einem langen und tiefen Schlaf zu erwecken. Erwacht! Betrachtet die Sonne eures Atman, das in eurem Inneren wohnt.

ICH BIN Gautama, euer Bruder.

Eine Lehre über die Gemeinschaft
3. April 2005

ICH BIN Gautama, und ich bin erneut durch meine Gesandte gekommen.

Ich möchte heute auf das Thema der Beziehungen zwischen den Mitgliedern verschiedener Gemeinschaften und religiöser Bewegungen eingehen.

Es ist sehr leicht, eure persönliche Beziehung mit Gott in eurem Inneren herzustellen. Und es ist sehr schwierig, Beziehungen mit anderen Menschen aufzubauen, die, wie es scheint, denselben Weg gehen und eigentlich eure Freunde sein sollten. Doch gerade seitens dieser Menschen begegnet ihr dem größten Widerstand und negativen Gefühlen in Form von Hass, Neid und Verurteilung.

Warum?

Viele von euch haben sich diese Frage gestellt. Und viele von euch haben versucht, eine Antwort darauf zu finden, aber vergebens.

Eure Weggefährten auf dem spirituellen Weg sind in Wirklichkeit eure karmischen Partner. Ihr werdet zur Lösung eurer karmischen Gegensätze zueinander hingezogen. Es gibt keine einzige Schuld, die euch vergeben werden kann. Wenn ihr also eine bestimmte Stufe spiritueller Errungenschaften erreicht habt, könnt ihr nicht weiter fortschreiten, bis ihr allen verkörperten Individuen begegnet seid, mit denen ihr ungelöste karmische Probleme habt.

Deshalb befindet ihr euch einerseits in der Gesellschaft von Menschen, die durch den Wunsch nach Erleuchtung in der Erkenntnis der göttlichen Wahrheit zur Lehre hingezogen werden, und andererseits sind gerade diese Menschen eure langjährigen karmischen Schuldner, oder ihr selbst müsst eure karmische Schuld bei ihnen begleichen.

Aus diesem Grunde werden Gegensätze in spirituellen Bewegungen häufig so heftig zum Ausdruck gebracht, bis hin zu offener Feindschaft, dass es scheint, dass diese Menschen wahrhaftig nichts Gemeinsames mit Gott haben und dem Teufel selbst dienen.

In jedem von euch wohnt Gott, und in jedem von euch wohnt der Teufel. Es gibt keine verkörperten Menschen, die vollkommen wären.

Damit sich reine Vollkommenheit in eurer Welt verkörpern kann, muss sie sich freiwillig mit solchen karmischen Problemen belasten, die eurem Planeten eigen sind, sodass ihr nach der Begegnung dieser göttlichen Vollkommenheit im Fleische denken werdet, es sei der Teufel selbst gewesen.

Die Wahrheit hier ist, dass Seelen von größerer Vollkommenheit, wenn sie in die Verkörperung kommen, möglichst viel von der karmischen Last anderer Menschen auf sich nehmen, um deren Last zu erleichtern.

Daher gebe ich euch heute diese Lehre und dieses Verständnis des Zusammenwirkens von Menschen in einer Gemeinschaft, und warum viele Menschen, nachdem sie persönlich mit zahlreichen, dieser Gemeinschaft innewohnenden Problemen konfrontiert wurden, es vorziehen, die Gemeinschaft zu verlassen und nach einer anderen zu suchen, die weniger Probleme hat und in ihren Manifestationen ausgeglichener ist. Dabei vergessen diese Menschen, dass sie durch die Qualität ihrer Schwingungen gerade zu jener Gruppe von Menschen hingezogen werden, die ihnen den schnellsten Weg bieten können, ihre karmischen Schulden abzuarbeiten.

Nicht alle Unvollkommenheiten lassen sich mit Gebeten und anderen spirituellen Praktiken bewältigen. Einen Teil dieser Unvollkommenheiten könnt ihr nur überwinden, wenn ihr im Leben dem Menschen begegnet, mit dem ihr Karma habt, und dieses Karma abarbeitet – durch unmittelbaren Umgang, durch Lösung des Konflikts und durch Überwindung dieses Konflikts, vor allem in eurem eigenen Bewusstsein.

Ihr solltet daher nie Zorn oder Entrüstung empfinden, wenn einer eurer Brüder oder Schwestern auf dem Wege euch anscheinend ungerecht behandelt. Ihr habt die Möglichkeit, eure karmische Schuld mit diesem Menschen auf die mildeste Weise von allen zu begleichen. Stellt euch vor, ihr hättet diesen Menschen in einem vergangenen Leben ermordet – und nun verletzt er euch in diesem Leben nur mit Worten, oder er verbannt euch aus der Gemeinschaft oder schafft durch Intrige und Geschwätz für euch unerträgliche Bedingungen für den Verbleib in der Gemeinschaft.

Obwohl es vielen von euch scheint, es wäre viel besser, getötet zu werden, als diese Seelenqualen erleiden zu müssen.

Lasst Gott entscheiden, wie ihr eure karmische Schuld abarbeiten müsst. Überlasst es Gott, für eure Seele zu sorgen. Glaubt mir, ihr erhaltet in eurem Leben genau die Prüfungen und werdet mit genau den Situationen konfrontiert, die am besten zu eurem Fortschreiten auf dem Weg beitragen.

Und wie viele Male ihr auch zu verschiedenen religiösen Gruppen und Gemeinschaften lauft und nach Orten sucht, an denen ihr euch behaglich unter Menschen in einer Gemeinschaft aufhalten könnt, werdet ihr doch das, was ihr sucht, nirgendwo finden, denn die Energien, die in euch selbst, in eurer Aura enthalten sind, erlauben es euch nicht, auf Erden einen Ort zu finden, an dem ihr euch vor eurer karmischen Schuld verbergen könnt. Und nur euer unwirklicher Teil, euer Ego drängt euch dazu, jemand anderem außerhalb eurer selbst die Schuld für eure eigenen Probleme zu geben.

Und solange ihr nicht den Widerstand dieses Feindes brecht, werdet ihr immer wieder in Situationen geraten, die euch verletzen und starke Gemütsbewegungen und Traumata in euch hervorrufen werden.

Ihr könnt andere Menschen nicht ändern, und ihr könnt das Leben auf dem Planeten Erde nicht ändern, zumindest könnt ihr keine spürbaren Veränderungen im Laufe eines Lebens erreichen, doch ihr könnt eure Einstellung zu den Umständen eures Lebens ändern. Und ihr könnt eure Einstellung zu den Menschen ändern, die euch beleidigen oder sonstiges Unrecht antun.

In welchen Schmutz ihr im Laufe eures Lebens auch geraten mögt und wie sehr euch die Leute beleidigen und beschimpfen mögen, wenn ihr Gold seid, so werdet ihr trotz alledem Gold bleiben.

Und jeder von euch ist ein solches Goldstück. Ihr alle tragt die reine Vollkommenheit in euch. Aber die Schmutzschicht, mit der eure Vollkommenheit, euer Gold bedeckt ist, erlaubt es anderen Menschen nicht, die vollkommene und göttliche Natur in euch zu erkennen.

Ist es möglich, in einer beliebigen Gruppe Beziehungen zu schaffen, die dem hohen Standard der Lehre entsprechen, die euch von den Meistern, Propheten und Gesandten gegeben wird?

Natürlich ist es möglich. Doch nur dann, wenn sich die Gruppe im Ganzen in Richtung des göttlichen Planes bewegt und bestrebt ist, die Höhen des göttlichen Dienens zu erreichen, das sich im Dienst am Nächsten, im Dienst am Leben in jeder seiner Erscheinungsformen manifestiert.

Eine Gruppe von Individuen, die bedeutende Stufen auf dem spirituellen Pfad erreicht haben, ist immer harmonisch und frei von Konflikten. Es ist jedoch notwendig, dass die Gruppe in ihrer Zusammensetzung wenigstens einen Menschen mit einem recht hohen Niveau spiritueller Errungenschaften hat, und sich bemüht, diesen Menschen zum Vorbild zu nehmen.

Es kommt auch vor, dass ein Mensch anfängt zu begreifen, er erlebt spirituelle Erleuchtung, und er versucht, seine Erfahrung an nahestehende Menschen in der Gruppe weiterzugeben, aber statt Unterstützung und Freude über diese Erfahrung, die er mit anderen teilen möchte, stößt dieser Mensch auf eine Wand des Unverständnisses und wird sogar des Stolzes und der Unvollkommenheit beschuldigt.

Das allgemeine Niveau der Gruppe ist in diesem Falle so, dass sie in ihrem Bewusstsein die Errungenschaften ihres Mitbruders oder ihrer Mitschwester nicht erkennen kann. Und so verliert diese Gruppe ihren Leitstern – eine Person, die ihnen ihr Licht und ihre Errungenschaften hätte geben können.

Viele Situationen entwickeln sich in verschiedenen Gruppen. Aber all diese Situationen müssen durchlaufen werden, müssen akzeptiert werden, und sie alle werden vom Schöpfer herbeigeführt geschaffen, damit ihr die Möglichkeit habt, euch in Gott zu vervollkommnen und eure Unvollkommenheit aufzugeben.

Daher bekommt jeder, was er verdient. Aber ich möchte nicht, dass sich nach dem heutigen Gespräch in eurer Seele ein Gefühl der Hoffnungslosigkeit und Verzweiflung niederlässt.

In Wirklichkeit erfolgt der Aufstieg auf eine neue Bewusstseinsebene sehr schnell, innerhalb weniger Sekunden. Ihr müsst nur in eurem Bewusstsein ständig die richtige Orientierung, die richtige Richtung und das rechte Streben haben.

Wir geben euch diese Botschaften gerade mit der Absicht, euer Bewusstsein zu lenken und euren Bestrebungen die richtige Richtung zu weisen.

Schenkt dem schmutzigen Belag, der die Seelen eurer Mitmenschen bedeckt, keine Aufmerksamkeit. Versteht es, hinter der Schmutzschicht die göttliche Natur eines jeden Menschen zu erkennen.

Und wählt in eurer Umgebung die richtigen Vorbilder zur Nachahmung. Euch werden dazu in diesen Botschaften viele Schlüssel gegeben.

Ich wünsche euch viel Erfolg auf eurem Weg.

ICH BIN euer Bruder Gautama.

Jeder Akt des Dienstes für alle Lebewesen verringert die Wahrscheinlichkeit des nächsten drohenden Kataklysmus

2. Mai 2005

ICH BIN der Herr der Welt Gautama Buddha, der durch diese Gesandte zu euch gekommen ist.

ICH BIN gekommen, um euch über einige Ereignisse in Kenntnis zu setzen, die auf dem Planeten Erde geschehen sind und bald geschehen werden.

Ihr wisst, dass ich derzeit die Position des Herrn der Welt innehabe, und diese Position sieht die Aufrechterhaltung des Gleichgewichts auf dem Planeten Erde vor.

Erst vor kurzem, am Ende des Jahres 2003, stand die Erde vor einer schwierigen Situation. Eine Reihe von Kataklysmen gewaltigen Ausmaßes musste sich ereignen, weil es unmöglich war, die negativen Energien der Menschen auszugleichen.

Die nichts ahnende Menschheit feierte weiter das Fest des Lebens. Die Menschen waren nicht sehr besorgt über die Prophezeiungen und Vorhersagen, die wir gaben.

Die Störung des energetischen Gleichgewichts war von einer Art, die sogar zur völligen Zerstörung der irdischen Zivilisation führen konnte.

Warum ist trotzdem nichts passiert? Ihr mögt von einem Wunder reden. Ihr mögt sagen, dass sich die Prophezeiungen nicht erfüllt haben. Doch ein Wunder in dem Sinne, wie ihr es versteht, gibt es nicht. Jedes Wunder hat seinen Preis.

Und wenn die Energie, die den Planeten in einem dichten Ring umgibt, sich nicht transmutieren lässt und die Kraft der Energie des Lichtes nicht ausreicht, um das Übergewicht der auf diesem Planeten vorhandenen Negativität auszugleichen, so muss der Versuch unternommen werden, das erforderliche Gleichgewicht wiederherzustellen.

Ihr wisst, dass die wahrscheinlichen Ereignisse, die mit einer Reihe von globalen Katastrophen verbunden sind, von uns vorhergesagt wurden. Und wir bereiteten uns auf diese Ereignisse vor. Die Gabe der violetten Flamme, die die Menschheit gegen Ende des vergangenen Jahrhunderts erhalten hatte, war einer der ausgleichenden Faktoren.

Und wenn die violette Flamme in Übereinstimmung mit unseren Plänen eingesetzt worden wäre, so hätte die Gefahr von Kataklysmen gänzlich abgewendet werden können.

Aber ihr wisst, dass dies nicht geschah. Und im Jahr 2003 stand die Welt am Rande der Zerstörung. Jetzt kann ich euch darüber berichten.

Was war geschehen? Warum gab es keinen Kataklysmus – oder jedenfalls keinen Kataklysmus, der das Fortbestehen der heutigen Zivilisation bedroht?

Als Herr der Welt, dessen Hauptaufgabe es ist, das Gleichgewicht auf diesem Planeten aufrechtzuerhalten, opferte ich alle meine Körper und das ganze Momentum all meiner Errungenschaften. Ich brachte alles zum Altar, was meine Individualität darstellt.

Und da das Momentum des Lichtes, das ich hatte, enorm war, reichte es aus, um den Kataklysmus abzuwenden.

Ihr fragt, wozu es notwendig war, ein solches Opfer zu erbringen? Schließlich ist die Seele des Menschen unsterblich, und die Menschheit würde ihre Existenz auf der feinstofflichen Ebene dieses Planeten fortsetzen.

Meine Geliebten, die überwältigende Mehrheit der Menschheit ist für die Existenz auf der feinstofflichen Ebene noch nicht bereit. Und ohne die physische Plattform würde die Menschheit in ihrer Entwicklung Millionen von Jahren vom vorgesehenen göttlichen Plan abweichen.

Daher war mein Opfer völlig gerechtfertigt, und es wurde vollbracht. Ihr habt die Möglichkeit zu leben.

Die Gnade Gottes kennt jedoch keine Grenzen, und nach dem Beschluss des Karmischen Rates der Großen Zentralsonne wurden alle meine Körper entsprechend der Matrix meines Lebensstroms wiederhergestellt. Und zur Wiederherstellung meiner Körper wurden Energien aus dem Kausalkörper des geliebten Sanat Kumara verwendet.

Ich bin wie ein Phönix auferstanden. Und ich erhielt die Möglichkeit, erneut allen Lebewesen auf dem Planeten Erde zu dienen.

Alle Wunder, die in diesem Universum geschehen, geschehen dank der Selbstaufopferung und des Dienstes der gesamten Hierarchie von Lichtwesen. Und jedes Wesen, das auf einer höheren Entwicklungsstufe des Bewusstseins steht, ist aus Liebe und Mitgefühl bereit, sich für jene Lebewesen zu opfern, die sich auf den niedrigeren Stufen ihrer Entwicklung befinden.

Ich habe euch von diesen Ereignissen erzählt, damit ihr über eure eigenen Handlungen nachdenkt. Jeder von euch kann zur Bildung einer dichten Schicht beitragen, die aus negativer Energie besteht. Und jeder von euch kann zur Auflösung dieser dichten Schicht beitragen, die den Planeten Erde umgibt. Alles hängt von euch selbst ab, meine Geliebten. Ihr seht, dass der Himmel alles tut, was in seiner Macht steht. Aber habt ihr jemals darüber nachgedacht, dass die göttliche Gnade Grenzen haben könnte?

Ich bin gekommen, um euch zu sagen, dass das Momentum des Lichts, das ich für die Stabilisierung der Situation auf der Erde geopfert habe, sein energetisches Potential erschöpft hat.

Und von diesem Moment an wird es von jedem einzelnen von euch abhängen, welche Energien in der Aura der Erde in naher Zukunft angesammelt werden und überwiegen.

Um in der Zukunft eine große Spannung zu verhindern, die zu einem globalen Kataklysmus führen kann, haben wir beschlossen, kleinere Kataklysmen wie das Erdbeben in Südasien und den dadurch verursachten Tsunami Ende Dezember des letzten Jahres (i.e., 2004 – d.Ü.) zuzulassen.

Jedes Mal also, wenn sich in diesem oder in den kommenden Jahren Kataklysmen, Naturkatastrophen, technogene Katastrophen, Kriege, Terrorakte, soziale Ausbrüche und extreme Wetterbedingungen ereignen werden, möge es euch als Erinnerung an die schwierige Lage auf dem Planeten Erde dienen und an die Verantwortung, die ihr für die Zukunft dieses Planeten tragt.

Ich bin mir bewusst, dass sehr viele Menschen auf dem Planeten Erde die Zusammenhänge zwischen ihrem Handeln, ihren Gedanken und Gefühlen und den Kataklysmen auf der Erde nicht verstehen können. Aber genau das gleiche Gesetz, das in diesem Universum herrscht, gilt auch auf diesem Planeten.

Diejenigen von euch, deren Bewusstsein weiterentwickelt ist, sind dazu verpflichtet, den Individuen zu dienen, die noch nicht die Stufe erreicht haben, auf der sie sich der engen Verbundenheit von allem, was auf diesem Planeten existiert, bewusst sind.

Daher sprechen wir in diesen Botschaften immer wieder von eurer Verantwortung für eure Gedanken, Gefühle und Taten. Für alles, was ihr in eurem Leben tut. Für den Gebrauch eines jeden Ergs der göttlichen Energie.

Und wie immer wird der Großteil der Arbeit und der Verantwortung für die Stabilisierung der Lage auf der Erde denen zufallen, die ein größeres Bewusstsein haben.

Ich bin im Vesakh-Monat zu euch gekommen, wenn nicht nur Buddhisten, sondern auch andere Menschen in vielen Ländern der Welt den Tag meiner Geburt, meiner Erleuchtung und meiner Verschmelzung mit dem ewigen Licht feiern.

Ihr könnt jetzt diesen Ereignissen den Tag meiner neuen Geburt hinzufügen, als ich die Möglichkeit erhielt, meinen Dienst für die Menschheit fortzusetzen, dank der Gnade und dank dem Schutz und der Hilfe, die mir Sanat Kumara erwiesen hat, mein ewiger Guru und der Meister, der mir am nächsten steht.

Ich hoffe, dass in euren Gemeinschaften immer der Geist der gegenseitigen Hilfe, der Unterstützung und des Dienens vorherrschen wird.

Jeder Akt des Dienstes für eure Nächsten und für alle Lebewesen erhöht die Schwingungen des

Planeten Erde und verringert die Wahrscheinlichkeit des nächsten drohenden Kataklysmus.

Beurteilt euer spirituelles Fortschreiten nicht an der Zahl der Stunden, die ihr in Gebeten und Meditationen verbracht habt. Beurteilt euer spirituelles Fortschreiten an der Hilfe, die ihr allen Lebewesen einschließlich Menschen, Tieren und Pflanzen erweist. Beurteilt euer spirituelles Fortschreiten an den Gedanken und Gefühlen, die in eurem Bewusstsein vorherrschen.

Dies werden gerade die Früchte sein, an denen Jesus euch aufrief zu beurteilen.

Ich verabschiede mich nun von euch.

ICH BIN und verbleibe in der Welt.

Gautama.

Unsere Aufgabe ist es, die Erde mit neuen Schwingungen, mit einem neuen Bewusstsein und einer neuen Einstellung zur Welt zu nähren

23. Mai 2005

ICH BIN Gautama Buddha, und ich bin wieder gekommen.

Seit unserem letzten Treffen ist es zu einer Reihe von Ereignissen auf der feinstofflichen Ebene des Planeten Erde gekommen. Und ich möchte euch kurz mit dem vertraut machen, was geschehen ist. Die angesammelten negativen Energien, die unweigerlich die nächste Naturkatastrophe verursachen müssen, konnten erfolgreich an den Orten ihrer Entstehung lokalisiert werden.

Deshalb wird sich das, was wir nicht neutralisieren und unschädlich machen können, vor allem auf jene Menschen auswirken, die diese Ungeheuer ihrer Gedanken und Gefühle erzeugt haben.

Wie zu Noahs Zeiten werden Warnungen und Hinweise durch verschiedene Menschen gegeben. Doch die Menschen halten sich lieber die Ohren zu und hören nichts. Sie schließen lieber die Augen und sehen nichts.

Manche Menschen begehen geradezu unglaubliche Akte der Liederlichkeit und Verantwortungslosigkeit, während andere Wunder des

Heldentums und der Selbstaufopferung vollbringen, um das Unvermeidliche abzuwenden.

Ein jeder handelt so, wie er es vorzieht zu handeln. Und jeder handelt abhängig davon, von welchem Rat er sich in seinem Leben am liebsten leiten lässt.

Es nahen Ereignisse, die abermals die Nichtübereinstimmung zwischen den Schwingungen des Großteils der Erdbevölkerung und den Schwingungen der neuen Epoche aufzeigen werden, die bereits zur Erde gekommen sind und weiterhin kommen.

Und so wird durch schrittweise Annäherungen das verwirklicht, was auf dem Planeten Erde verwirklicht werden muss. Geliebte Chelas, man soll niemals gegen den Willen Gottes angehen, man soll niemals den Plänen zuwiderhandeln, die von dem höheren Gesetz für den Planeten Erde vorgesehen sind.

So werden in einem jeden die richtigen Bestrebungen und göttliche Eigenschaften kultiviert. Und jeder erhält die Möglichkeit, sein inneres Wesen zu manifestieren.

Warum wird euch die Lehre gegeben, dass ihr euch nur um euch selbst, um eure eigenen Gedanken und Gefühle kümmern müsst? Warum könnt ihr andere Individuen nicht führen und sie dazu bringen, so zu handeln, wie es euch als richtig erscheint?

Weil alles, was sich auf dem Planeten und mit jedem Individuum ereignet und in Zukunft ereignen wird, durch das Vorhandensein dieser oder jener Energien in seiner Aura, in seinem Kraftfeld bestimmt ist.

Wenn ihr viel negative Energie in euch tragt und diese Energie im Laufe vieler Verkörperungen auf der Erde angesammelt habt, so wird es euch nicht gelingen, dem zu entgehen, was mit euch gemäß eurem Karma geschehen sollte, wie sehr ihr euch auch darum bemüht. Und wenn ihr euch andererseits frühzeitig um eure Gedanken und Gefühle gekümmert und euch von einem großen Teil eurer karmischen Last befreit habt, so wird es keinem anderen Menschen gelingen, euch Schaden zuzufügen, wie sehr er es auch versucht.

Eure Feinde werden sich bemühen, euch zu schaden, aber wenn es in eurer Aura nichts gibt, woran sie sich festklammern können, so werden ihre Taten und Handlungen euch keinen Schaden zufügen, sondern nützlich für euch sein.

Darin besteht das Geheimnis, wie Menschen unter Bedingungen überleben, die man eigentlich nicht überleben kann. Und dies erklärt, warum mit Menschen Dinge geschehen, die sonst niemanden in ihrer Umgebung treffen.

Daher hat es keinen Sinn, dass ihr euch bemüht, euch selbst und den Menschen in eurer Umgebung zu beweisen, dass ihr gut und Gott völlig ergeben seid. All eure Taten und Handlungen,

Gedanken und Gefühle werden in eurer Aura und in der so genannten Akasha-Chronik gespeichert. Daher ist es einfach sinnlos, mit dem in diesem Universum geltenden kosmischen Gesetz irgendwelche Spiele spielen zu wollen. Aus diesem Grunde wird gesagt, dass ihr euch nur um eure eigenen Gedanken und Gefühle kümmern müsst und darum, wie ihr selbst handelt und was ihr tut.

Ihr könnt einem anderen Menschen nicht helfen, wenn er eure Hilfe nicht annehmen will. Ihr könnt niemanden mit Gewalt dazu bringen, eure Überzeugungen zu teilen. Doch ihr habt immer die Möglichkeit, die Schätze eures Wissens mit denen zu teilen, die bereit sind, euch zuzuhören. Und das Geheimnis hier ist, dass ein Mensch, der eure Fürsorge und euer Wissen anzunehmen bereit ist, über ein Bewusstsein und Schwingungen verfügt, die es ihm erlauben, dies zu tun. Er hat dieses Bewusstsein und diese Schwingungen in mehr als einer Verkörperung erworben.

Deswegen bemüht euch nicht weiter, eure Anschauungen denen aufzuzwingen, die euch nicht zuhören wollen. Findet besser in eurer Umgebung Menschen, die die in dieser Welt herrschende Hoffnungslosigkeit leid sind, die stickige Atmosphäre, die sie umgibt. Für diese Menschen wird das Wissen, das ihr ihnen anbietet, wie ein wunderwirkender Balsam sein, der ihre Existenz erleichtert und ihre Wunden salbt, die sie sich von der Berührung mit den weniger guten Aspekten eurer Welt zugezogen haben.

Ihr habt immer die Möglichkeit, wenigstens einen Menschen in eurer Umgebung zu finden, der eure Hilfe und das Wissen braucht, das ihr ihm anbieten könnt. Leider ist das Bewusstseinsniveau der Menschheit so beschaffen, dass nur ein geringer Teil der Menschheit sich das Wissen, die Energien und die Informationen aneignen kann, die in unseren Botschaften enthalten sind, welche wir euch jetzt durch diese Gesandte geben.

Wir sind uns völlig bewusst, dass wir möglicherweise nur das Bewusstsein von einigen tausenden oder zehntausenden Menschen in der ganzen Welt erwecken können.

Aber glaubt mir, geliebte Chelas, dass dies für den Anfang völlig ausreichend ist.

Und diese Informationen, und diese Schwingungen, und dieses Wissen werden im energetischen Feld, in der Aura der wenigen Menschen gespeichert werden, die in der Lage sind, sie sich anzueignen, und die im Voraus ihre Tempel zum Empfang dieser Informationen vorbereitet haben.

Die Menschen der Erde sind auf der feinstofflichen Ebene eng miteinander verbunden. Es gibt den Begriff des kollektiven Unbewussten der Menschheit. Wenn das Wissen, das wir in die Köpfe von ein oder zwei Menschen bringen können, sich über das Bewusstsein der meisten Menschen verbreitet. Und wenn die Menschen irgendwo von dem für die Erde völlig neuen Wissen hören, entsteht bei vielen das Gefühl, dass sie bereits davon gehört haben oder von irgendwoher darüber wissen, doch euch wohl kaum die Quelle nennen können, aus der sie ihr Wissen bezogen haben.

Die feinen Schwingungen unserer Welt können viele Individuen erreichen, selbst wenn dies in ihrem äußeren Bewusstsein zunächst keine Resonanz findet. Vergesst nicht, dass der Mensch wie eine Matroschka aufgebaut ist und dass sein höchster feinstofflicher Teil immer sehr empfindlich auf das reagiert, was im Informationsfeld der Erde geschieht.

Euer physischer Körper und eure äußeren Sinnorgane sind wie Dinosaurier, die sich nicht an die schnellen Veränderungen der Wirklichkeit und der Schwingungen dieser Welt anpassen können. Und wie die Dinosaurier zu ihrer Zeit ausstarben, so werdet auch ihr euch im Laufe der Zeit von euren physischen Körpern trennen müssen.

Daher geben wir euch Lehren über die Meditation. Deshalb lenken wir euer Bewusstsein auf die feinstofflichen Welten. Allmählich wird sich der Schwerpunkt eures Bewusstseins auf eure feinstofflichen Körper verlagern. Und ihr werdet mehr Beweglichkeit, mehr Leichtigkeit erlangen. In der Tat sind eure physischen Körper der Gegenstand eurer wichtigsten Sorge während eures Aufenthalts in der Verkörperung. Und einen großen Teil der Zeit, die ihr auf der Erde verbringt, seid ihr gezwungen, eure Körper zu pflegen, sie zu waschen, zu ernähren, zu kleiden und zu heilen.

Ihr könnt euch vorstellen, wie schnell die Evolution der Menschheit fortschreiten wird, wenn sie sich von ihren Körpern befreit und gleichzeitig von der Notwendigkeit befreit wird, so viel Zeit mit der Pflege ihrer Körper zu verbringen.

Und ihr werdet erstaunt sein, wenn ich sage, dass ihr euch tatsächlich schon längst von euren physischen Körpern befreit und die Evolution auf der feinstofflichen Ebene fortgesetzt hättet, doch eure Bindungen an eure physischen Körper und alles, was auf der physischen Ebene existiert, halten euch zurück und zwingen euch, immer wieder in die Verkörperung zu kommen.

Und das Einzige, was euch in eurer Entwicklung zurückhält, ist die Ebene eures Bewusstseins und der Grad eurer Gebundenheit an eure äußere Persönlichkeit, an euer Ego, an jenen Teil eurer selbst, der auf der physischen Ebene existiert und auf den feinstofflichen Ebenen, die mit der physischen Ebene verbunden sind – der mentalen und der astralen Ebene.

Und alle Kataklysmen und Katastrophen hätten abgewendet werden können, wenn sich die Menschheit nur von dem niederen Teil ihrer selbst trennen könnte. Alle unharmonischen Manifestationen in dieser Welt werden durch das unharmonische und unvollkommene Bewusstsein der Erdbewohner verursacht. Und wahrhaftig hängt alles, was sich auf dem Planeten Erde ereignet und ereignen kann, von jedem einzelnen von euch ab.

Ihr lest einfach diese Botschaften, und ihr macht euch die Informationen zu eigen, die in diesen Botschaften enthalten sind. Und die Wirkung, die ihr auf die irdischen Ereignisse ausüben werdet, wird wie bei einem Stoßdämpfer sein. Ihr werdet jede Not und jeden Kataklysmus abfedern.

Unsere Aufgabe ist es, die Erde mit neuen Schwingungen, mit einem neuen Bewusstsein und mit einer neuen Einstellung zur Welt durch das Bewusstsein jener Menschen zu nähren, die in der Lage sind, das von uns gegebene Wissen aufzunehmen.

Ihr werdet sehr bald sehen, wie sich alles um euch herum zu verändern beginnt. Und dies wird wahrhaftig einem Wunder gleichkommen, doch dieses Wunder, meine Geliebten, wird nur mit eurer Hilfe geschehen.

ICH BIN Gautama Buddha.

Wir warten geduldig auf euer Erwachen und auf eure Bereitschaft

4. Juni 2005

ICH BIN Gautama Buddha, und ich bin wieder zu euch gekommen.

Das Bewusstsein eines jeden menschlichen Individuums ist das Wichtigste. Euer Bewusstsein ist das, was euch, so wie ihr jetzt seid, überleben wird. Euer Bewusstsein wird in den höheren Welten existieren. Daher ist das Einzige, wozu es Sinn macht, in eurer Welt zu existieren, die Entwicklung eures Bewusstseins. Ihr müsst zwischen dem Intellekt und eurem Bewusstsein unterscheiden. Ihr müsst zwischen euren Fähigkeiten und Fertigkeiten und eurem Bewusstsein unterscheiden.

Es gibt den niederen Teil eures Bewusstseins, der die Fertigkeiten und die Erfahrungen bewahrt, die für eure Existenz in der physischen Welt erforderlich sind. Und es gibt den höheren Teil eures Bewusstseins, der für eure Existenz in den feinstofflichen Welten erforderlich ist.

Und dieser Teil eures Bewusstseins muss entwickelt werden. Ihr könnt euch beispielsweise in einem Flugzeug nicht einfach ans Steuer setzen und losfliegen. Um dies tun zu können, müsst ihr eine Schulung absolvieren und eine Vorstellung davon gewinnen, wie man ein Flugzeug steuert. Erst danach könnt ihr losfliegen. Und in ähnlicher Weise muss der Teil eures Bewusstseins, den ihr für den Aufenthalt in den feinstofflichen Welten braucht, geschult werden und Erfahrungen sammeln.

Die Schwierigkeit besteht darin, dass ihr die Fähigkeit erlangen müsst, euch in einer Welt aufzuhalten, von der ihr euch mit Hilfe eurer physischen Sinnesorgane keine Vorstellung machen könnt. Eure physischen Sinnesorgane nehmen nur einen begrenzten Bereich der Wirklichkeit wahr. Ihr könnt nur das wahrnehmen, was auf den niedrigen Frequenzen schwingt, die der materiellen Welt entsprechen. In euch ist jedoch ein riesiges Potenzial angelegt. Und der Schwingungsbereich, den eure Sinnesorgane wahrnehmen können, kann bereits jetzt erweitert werden. Und viele Menschen sehen das, was andere nicht sehen. Die Grenze, die die feinstofflichen Welten von eurer physischen Welt trennt, verschwimmt allmählich. Eure Feinfühligkeit für die Wahrnehmung der feinstofflichen Welten wird durch die Umgebung in eurer Welt unterdrückt. Der ständige Aufenthalt in Menschenmengen und die ständige Betäubung durch den Lärm aus Lautsprecheranlagen senkt eure Schwingungen und lässt es nicht zu, dass ihr den Bereich eurer Wahrnehmung der Welt erweitert.

Der menschliche Organismus enthält in seinem Potenzial alle notwendigen Werkzeuge und Sinnesorgane, die euch ermöglichen, euch in den feinstofflichen Welten aufzuhalten und die feinstofflichen Welten wahrzunehmen. Und nur die Bedingungen eures Aufenthalts auf der Erde hindern euch daran, schon jetzt die Aufgestiegenen Lichtwesen zu sehen und zu hören, und mit den Meistern zu kommunizieren.

Aus diesem Grund sind in der heutigen Zeit erhebliche Anstrengungen erforderlich, um eine solche Verbindung herzustellen. Ihr müsst euch sehr starke Einschränkungen auferlegen, um in Kontakt mit den Aufgestiegenen Lichtwesen zu kommen. Und dies betrifft vor allem die Einschränkung eurer Beziehungen zu Menschen und den Ausschluss eines jeglichen Einflusses der Massenmedien.

Und je näher ihr der Natur seid, desto leichter wird es euch fallen, eine solche Verbindung herzustellen. Der Unterschied zwischen unseren Welten besteht in ihrem unterschiedlichen Schwingungsniveau. Wenn ihr daher eure Schwingungen erhöht, erlangt ihr automatisch und beinahe unweigerlich die Fähigkeit, mit unserer Welt zu kommunizieren.

Und tatsächlich ist jeder Mensch, der sich jetzt in der Verkörperung befindet, in seinem Potenzial fähig, die Verbindung mit den Aufgestiegenen Lichtwesen herzustellen.

Aber damit unsere Kommunikation stattfinden kann, müsst ihr sehr vieles von dem opfern, was es in eurer Welt gibt.

Ihr müsst sehr achtsam in Bezug auf euren Bekanntenkreis und alle eure Kontakte vorgehen.

Ihr müsst alles ausschließen, was euch negativ beeinflussen kann und was zur Massenkultur eurer Welt gehört.

Alles ist von Bedeutung. Selbst die Schwingungen der Nahrung, die ihr zu euch nehmt. Habt ihr mal darüber nachgedacht, dass ein Mensch, der Essen zubereitet, es mit seinen Energien anreichert? Und wenn der Mensch, der das Essen zubereitet, sich nicht durch eine Reinheit der Gedanken auszeichnet, so werdet ihr mit jeder von ihm zubereiteten Mahlzeit euren Organismus mit minderwertigen Energien nähren, die in diesem Essen enthalten sind. Am Anfang könnt ihr eure Nahrung vor dem Beginn jeder Mahlzeit segnen, um sie von negativen Energien zu reinigen. In den späteren Abschnitten eurer Entwicklung müsst ihr gänzlich auf Speisen verzichten, die von Fremden zubereitet wurden, und möglicherweise sogar dazu übergehen, euer Essen eigenhändig zuzubereiten. Wenn ihr einen bestimmten Grad der Reinheit erreicht habt, der es euch erlaubt, mit den Aufgestiegenen Lichtwesen zu kommunizieren, so könnt ihr euch an Speisen vergiften, die minderwertige Schwingungen enthalten, selbst wenn diese Speisen frisch zubereitet wurden und euch in allen rein physischen Aspekten nicht schaden können.

Daher müssen Menschen, die sich ernsthaft dazu entschieden haben, den spirituellen Weg zu beschreiten, sehr sorgfältig auf ihre Umgebung in der physischen Welt achten.

Natürlich wäre es ideal, wenn solche spirituell entwickelten Menschen in abgesonderten Gemeinschaften fernab der Zivilisation leben würden. Und mit der Zeit werden solche spirituellen Zentren gegründet werden und eine große Entwicklung erfahren.

Es gibt keine Empfehlungen dafür, wie jeder von euch sein Leben gestalten soll, außer den allgemeinen Empfehlungen, die wir euch geben. Aber wie ihr unsere Empfehlungen konkret in eurem Leben umsetzt, müsst ihr selbst entscheiden. Vergesst nie, dass ihr euch zu nichts zwingen sollt. Die wahre evolutionäre Entwicklung gemäß den göttlichen Gesetzen erfordert keinerlei Zwang oder Gewalt, weder durch andere Menschen noch durch euch selbst.

Wenn ihr nicht bereit seid, in ein neues Stadium einzutreten, sollt ihr euch nicht dazu zwingen, Einschränkungen zu erfüllen, die ihr noch nicht auf euch nehmen könnt, weil euer Bewusstsein dafür nicht bereit ist. Ihr müsst wissen, wonach ihr strebt, aber ihr sollt euch nicht dazu zwingen.

Wenn ihr eine innere Unvollkommenheit habt, die euch daran hindert, auf die nächste Stufe aufzusteigen, so ist die Tatsache, dass ihr euch dieser Unvollkommenheit in eurem Inneren bewusst seid, bereits eine Garantie dafür, dass ihr euch früher oder später von dieser Unvollkommenheit befreien werdet.

Wenn euer Geschirr einen Fleck hat, kann es sein, dass er sich nicht mit einem Mal beseitigen lässt. Doch wenn ihr euch jeden Tag bemüht, diesen Fleck zu entfernen, so wird es euch früher oder später gelingen, das Geschirr zu reinigen.

Genau das gleiche Prinzip gilt für die Veränderung eures Bewusstseins. Ihr ändert euer Bewusstsein ständig, während eures gesamten Lebens. Am wichtigsten ist es zu wissen, wonach ihr streben müsst, und täglich euer Streben zu manifestieren.

Versteht, dass jeder von euch auf einer unterschiedlichen Stufe der Entwicklung steht. Daher ist das, was für den einen leicht ist, für einen anderen eine unerfüllbare Aufgabe. Und es können noch viele weitere Leben vergehen, bevor ein Mensch imstande sein wird, auf die nächste Stufe der Entwicklung seines Bewusstseins aufzusteigen.

Die Erde bietet Individuen, die sich in sehr unterschiedlichen Stadien der Entwicklung des Bewusstseins befinden, die Möglichkeit zur Entwicklung.

Und wenn ein Mensch gemäß dem Stand der Entwicklung seines Bewusstseins für die Kommunikation mit den Aufgestiegenen Lichtwesen nicht bereit ist, so werden beispielsweise diese

Botschaften für ihn unverständlich und langweilig sein. Er wird nicht imstande sein, aus der Lektüre dieser Botschaften Nutzen für sich persönlich zu ziehen. Und wenn ein Mensch sich bereits auf einer sehr hohen Stufe der spirituellen Entwicklung befindet, so werden ihm diese Botschaften nichts Neues bringen.

Aber es gibt Menschen, die auf jede Botschaft warten und spüren, wie mit jeder Botschaft die göttliche Energie in ihre Aura einströmt.

Ihr müsst sehr geduldig sein. Ihr müsst liebevoll und mitfühlend gegenüber den Menschen sein, die nicht in der Lage sind, mit ihrem Bewusstsein jene feinstofflichen Schwingungen wahrzunehmen, die in diesen Botschaften enthalten sind.

Die Zeit wird kommen, wenn auch sie in der Lage sein werden, die zärtliche und liebevolle Energie zu spüren, die wir euch geben.

Ein wahrer Gärtner zwingt niemals eine Rose, ihre Blütenblätter zu öffnen. Die Zeit wird kommen und die Knospe wird sich den sanften Sonnenstrahlen und einem neuen Tag öffnen.

Daher warten wir geduldig auf euer Erwachen und eure Bereitschaft. Und wir senden einfach zärtliche Strahlen unserer Liebe und unseres Segens in eure Welt, in euer Wesen.

Euer Bewusstsein ist wie die Knospe einer Rose, die zum Blühen bereit ist. Und ich verstumme in der Vorfreude, wenn sich die Blüte eures Bewusstseins in der Stille öffnet und alles um euch herum mit ihrem Wohlgeruch erfüllt.

ICH BIN Gautama Buddha.

Ihr müsst den höheren Weg gehen
22. Juni 2005

ICH BIN Gautama Buddha, und ich bin an diesem Tag der Sommersonnenwende zu euch gekommen.

Jeder der Tage, die mit einer besonderen Position der Planeten verbunden sind, ist an sich bedeutungsvoll.

Irgendwann wird die Menschheit der Erde in der Lage sein, zum Verständnis jenes Wissens zurückzukehren, das den ältesten Zivilisationen bekannt war, die vor vielen Zehntausenden und Hunderttausenden von Jahren auf der Erde lebten, das aber jetzt für die Menschheit der Erde unzugänglich geworden ist.

Das Geheimnis dazu ist sehr einfach. Wenn ihr wisst, was die Sterne euch anzeigen und die Weisungen der Sterne nicht befolgt, so verliert ihr dieses Wissen.

Genauso ist es mit dem Wissen, das wir euch in diesen Botschaften geben. Wenn ihr es in eurem Leben nicht anwendet und euch von diesem Wissen in eurem Alltag nicht leiten lasst, so wird euch dieses Wissen genommen werden.

Euch wird eine Möglichkeit gegeben, eine göttliche Möglichkeit, die in vielen Leben durch das Martyrium und die Märtyrertode von Lichtträgern verdient wurde. Ihr erhaltet die Möglichkeit, diese reine Quelle der göttlichen Wahrheit und göttlichen Inspiration zu haben.

Und wenn ihr von dem Wissen, den Anweisungen und Lehren keinen Gebrauch macht, die in diesen Botschaften dargelegt werden, so verliert ihr die Möglichkeit zu einem Durchbruch in eurem Bewusstsein. Ihr verliert die Möglichkeit, die nächste Höhe in eurem Aufstieg zum göttlichen Bewusstsein zu erklimmen.

Und umgekehrt, wenn die Anzahl der Menschen, die in der Lage sind, das Wissen wahrzunehmen und anzuwenden, das ihr mit diesen Botschaften erhaltet, zunimmt und eine gewisse kritische Masse erreicht, dann wird der Strom des göttlichen Wissens vermehrt und verstärkt werden. Nicht nur durch diese Gesandte, sondern auch durch Dutzende und Hunderte von anderen Gesandten, die dank der vereinten Bemühungen aller Lichtträger, welche sich in ihrem Leben von dem Wissen und den Anweisungen in diesen Botschaften leiten lassen, ihre Einweihungen bestehen können. Jeder Nachfolgende, der die entsprechenden Einweihungen besteht und die Möglichkeit erlangt, in unserem Namen zu sprechen, wird weit geringere Anstrengungen machen müssen, um seine Fähigkeiten zu erlangen.

Und jeder von euch muss daran denken, dass, wenn ihr mit eurem Bewusstsein in den gemeinsamen Strom eintretet, an der Verbreitung des Wissens und der Informationen teilhabt oder selbst einfach die von uns erhaltenen Anweisungen in eurem Leben befolgt, ihr die Möglichkeit für einen größeren Austausch zwischen unseren Oktaven schafft und die Annäherung unserer Welten fördert.

Das Wachstum des Bewusstseins der Menschheit ist ein kollektiver Prozess. Gott sandte immer seine Gesandten und Propheten, und jedes Mal wurde der Menschheit eine Chance gegeben. Und diese Chance wurde selten zu Lebzeiten unserer Gesandten genutzt. Doch der Impuls, den das Bewusstsein eines Vorkämpfers des Geistes auf die physische Ebene des Planeten Erde brachte, konnte das Bewusstsein jener Individuen wecken, die bereit waren, und dies führte zu einem Ruck im Bewusstsein der Menschheit. Es ist äußerst wichtig, den Impuls auf die physische Ebene des Planeten Erde zu bringen, doch es ist nicht weniger wichtig, dass sich Menschen finden, die diesen Impuls aufgreifen und in ihrem Alltag umsetzen können.

Es wird Energie zu schöpferischem Tun gegeben. Es wird Energie zur Erweiterung eures Bewusstseins gegeben. Und wie ihr diese Energien nutzt, wird buchstäblich den weiteren Verlauf der Geschichte bestimmen.

Das Bewusstsein eines Lichtträgers ist bereit, unter der Einwirkung der göttlichen Energie wie eine Fackel aufzuflammen. Doch weitaus wichtiger ist die Aufgabe, die Fackel zu tragen. Die Bewahrung und Aufrechterhaltung des Feuers über einen beträchtlichen Zeitraum. Glaubt nicht, dass eure

Aktivität zur Aufrechterhaltung des Feuers nur mit dem Rezitieren von Gebeten und Dekreten verbunden ist. Ihr müsst euch jede Sekunde eures Aufenthalts auf der Erde von unseren Anweisungen leiten lassen und in allen Lebenssituationen immer den höheren Weg gehen.

Ihr dürft niemals vergessen, dass ihr in diese Welt gekommen seid, um Erfahrungen zu sammeln. Und ihr trefft jede Minute eures Aufenthalts auf der Erde eure Wahl, wie die von euch erhaltene Energiegelenkt werden soll.

Den Einklang mit Gott ständig zu bewahren und dabei mitten im Leben zu stehen ist das, was jetzt von euch verlangt wird. Ihr müsst euch in eurem Bewusstsein ständig auf den Gipfeln der Berge befinden. Doch dabei ständig den Erdboden unter den Füßen spüren. Und genauso, wie ihr in eurem Leben die Gesetze des Landes befolgt, in dem ihr lebt, müsst ihr euch auch ständig von dem göttlichen Gesetz in eurem Leben leiten lassen.

Es besteht immer die Möglichkeit, den höheren Weg zu gehen, und es besteht immer die Gefahr abzurutschen.

Und in dem Moment, wenn ihr in einer schwierigen Situation in eurem Leben eine Wahl trefft, denkt immer daran, dass ihr viel mehr seid als euer physischer Körper. Ihr habt eine göttliche Natur, und ihr seid unsterblich. Wenn ihr daher eure Wahl trefft, lasst euch immer von dem leiten, was eurer Seele nützlich ist.

Wenn ihr gegen euer Gewissen handeln müsst, um eure Arbeitsstelle zu behalten, wenn euch den Erwartungen eures Chef anpassen und ihm nach dem Mund reden müsst, so achtet immer auf eure Seele. Eure Seele weiß immer, wie in einer bestimmten Situation richtig zu handeln ist. Und wenn auch euer Handeln den Ansichten der meisten Mitmenschen und selbst euch nahestehender Menschen widerspricht, bemüht euch immer, so zu handeln, wie es vom Standpunkt des höheren Teils eurer selbst richtig ist.

Habt immer das Bild Jesu vor euch. Er hätte doch dem Märtyrertod entgehen können. Er hätte seine Kräfte gebrauchen und sogar König werden können. Jeder seiner Jünger war bereit, sein Leben zu opfern und zu kämpfen, um seinen Lehrer zu verteidigen. Dennoch wurde Jesus gekreuzigt. Jeder von euch muss sich im Leben von dem Beispiel leiten lassen, das euch gegeben wurde. Und wenn ihr vor der Frage steht, ob ihr eure Überzeugungen, euer Gewissen aufgebt und dafür eure Arbeit oder etwas anderes für euch Wertvolles behaltet, so vergesst niemals, dass es in eurem Leben etwas Größeres gibt als nur die Befriedigung eurer physischen Bedürfnisse.

Ihr müsst den höheren Weg gehen und immer den höheren Weg wählen.

Ich war ein Prinz, und ich hatte alles. Ich hatte eine junge Frau, und wir hatten ein neugeborenes Kind. Ich hatte alles, wovon ein Mensch nur träumen kann, wenn er auf der Erde lebt. Doch ich wusste, dass es noch etwas Größeres gibt, wofür wir auf die Erde kommen. Und ich ließ alles zurück und ging.

Es vergingen viele Jahre, bevor ich meinen Weg finden konnte. Und dieser Weg war nicht mit Reichtum, Zuhause oder Familie verbunden.

Es gibt einen höheren Weg, den ihr früher oder später alle gehen werdet.

Das bedeutet nicht, dass ich euch alle dazu aufrufe, eure Familien zu verlassen und in eine Einsiedelei zu gehen. Euer Leben bietet euch weit größere Möglichkeiten, Einweihungen zu durchschreiten.

Ihr steigt in eurem Bewusstsein auf und trefft die Entscheidungen, die zur Entwicklung eures Bewusstseins beitragen. Ihr trefft eure Entscheidungen und lasst euch dabei vom höheren Gesetz leiten. Und wenn es euch gelingt, eure Einweihungen zu bestehen und die Bewusstseinsebene von Christus und Buddha zu erreichen, ohne euch aus eurem gewöhnlichen Leben zu entfernen, so ist es genau das, was im jetzigen Abschnitt der Entwicklung der Menschheit von euch verlangt wird.

Und noch etwas: Ihr dürft nie vergessen, dass eure Umgebung sich ändert, sobald euch der Durchbruch in eurem Bewusstsein gelingt. Jene Menschen, die nicht bereit sind, eure neue Bewusstseinsebene anzunehmen, werden gehen, und andere Menschen, die euch verwandte Schwingungen besitzen, werden sich nähern.

Vergesst auch nicht, dass ein Mensch, wenn er in seinem Bewusstsein den Durchbruch vollzieht, einen Einfluss auf alle Menschen ausübt, mit denen er in diesem Leben karmisch verbunden ist. Und viele Seelen, die durch diesen Menschen einen notwendigen Impuls erhalten haben, sind imstande, ihr eigenes Bewusstsein zu öffnen und den Durchbruch zu vollziehen.

Vergesst nie, dass ihr alle auf der feinstofflichen Ebene miteinander verbunden seid, und der Sieg eines Menschen führt zugleich zu einem erhöhten Bewusstsein für viele andere.

Jeder von euch ist an seinem Platz wertvoll, und jeder von euch ist in der Lage, die Arbeit zu tun, zu der er sich verkörpert hat, während er gerade an dem Ort ist, wo er geboren wurde und lebt.

In eurem Leben gibt es immer Platz für eine Heldentat, Askese und Heldentum.

Denn für viele bedeutet die Veränderung des Bewusstseins buchstäblich eine Veränderung ihres gesamten Lebens. Ihr werdet nicht länger unzählige Stunden bei gemeinsamen Mahlzeiten und Festen verbringen können. Ihr werdet die Schwingungen von Rockmusik nicht mehr ertragen können. Ihr werdet gezwungen sein, in eurem Umfeld alles aufzugeben, was nicht den göttlichen Schwingungen entspricht. Und für viele von euch wird dies meinem eigenen Handeln ähnlich sein, als ich den Palast meines Vaters verließ.

Und wenn ihr die Niederlage wählt und nicht mit euren Gegnern kämpft, und dabei alles verliert und zulasst, dass eure Feinde euch kreuzigen, so vollbringt ihr das, was Jesus vor zweitausend Jahren vollbrachte.

Glaubt mir, jeder von euch hat Momente im Leben, wenn ihr eine Tat oder Handlung vollbringen könnt, die in ihrer spirituellen Errungenschaft jenen Taten und Handlungen gleicht, die die Heiligen zu allen Zeiten vollbrachten.

Und wenn ihr nicht seht, was ihr tun und wie ihr handeln sollt, so täuscht euch nicht selbst. Eure Seele kennt immer den höheren Weg. Und eure Niedergeschlagenheit, euer Selbstmitleid und euer Überdruss sagen euch gerade, dass ihr nicht tut und nicht tun wollt, wozu eure Seele in die Verkörperung gekommen ist.

Jene Lichtträger, die ihre Pflicht und ihre Mission erfüllen, brennen und bringen der Welt ihr Licht, und sie kennen weder Schlaf noch Ruhe.

Ihr seid erwacht. Werdet ihr euch wirklich auf die andere Seite drehen und wieder schlafen legen?

ICH BIN Gautama Buddha.

Über Briefe an den Karmischen Rat

22. Dezember 2005

ICH BIN Gautama Buddha, und ich bin erneut durch unsere Gesandte zu euch gekommen. ICH BIN in dieser dunklen Zeit des Jahres gekommen, wenn der gesamten nördlichen Hemisphäre, in der der Großteil der Weltbevölkerung konzentriert ist, nur sehr wenig Sonnenenergie zur Verfügung steht. Es ist wirklich eine dunkle Zeit des Jahres. Und an eurem inneren Befinden könnt ihr fühlen, dass selbst die bevorstehenden Festtage euch nicht helfen, einen guten Zustand zu bewahren.

Ich komme zu euch, um eine weitere Botschaft zu geben, die auf unserer Besorgnis basiert, die wir um den Planeten haben und um die Existenz des Lebens auf dem Planeten überhaupt.

Wie sehr sich die Aufgestiegenen Lichtwesen im Laufe des vergangenen Jahres auch bemüht haben, es ist uns nicht gelungen, das Gleichgewicht auf dem Planeten herzustellen, das für seine nachhaltige Entwicklung notwendig ist. Jetzt erwarten wir mit großer Aufmerksamkeit und Anspannung die Entscheidung, die nach der gerade beginnenden Sitzung des Karmischen Rates verkündet wird. Ihr wisst, dass jedes Jahr in dieser dunklen Zeit des Jahres die Sitzung des Karmischen Rates beginnt. Und während dieser Sitzung werden wichtige Entscheidungen getroffen, nach denen der Planet in den folgenden sechs Monaten bis zur nächsten Sitzung des Karmischen Rates lebt, die während der Sommersonnenwende stattfinden wird.

Deshalb könnt auch ihr an dieser Sitzung des Karmischen Rates teilnehmen und somit den Verlauf der Entwicklung des Planeten für die nächsten sechs Monate beeinflussen. Natürlich wird man euch nicht in den Saal hineinlassen, in dem die Sitzung des Karmischen Rates stattfindet. Ihr könnt dort weder in euren physischen Körpern noch in euren feinstofflichen Körpern anwesend sein. Doch ihr könnt euch mit Briefen an den Karmischen Rat wenden, und ich garantiere euch, dass alle eure Briefe sorgfältig geprüft werden.

Es kommt vor, dass ein einziger Brief von einer leidenschaftlichen Seele ausreicht, um die Entscheidung des Karmischen Rates zu ändern. Daher empfehle ich euch dringend, diese Möglichkeit zu nutzen und Briefe an den Karmischen Rat zu schreiben.

Und ich kann euch sogar sagen, wie genau ihr eure Hilfe leisten könnt.

Wenn eine ausreichende Anzahl von Seelen sich im Namen des ICH BIN dazu verpflichtet, im Laufe der nächsten sechs Monate eine bestimmte Anzahl von Stunden Gebete, Dekrete oder Rosenkranzgebete zu lesen, und die Energie ihrer Gebetswachen auf die Stabilisierung der Lage auf der Erde richtet, dann kann dies dem Karmischen Rat helfen, eine Entscheidung zu treffen, die den

Einsatz der kosmischen Reserven zur Stabilisierung der Lage auf der Erde ermöglicht.

Wir müssen sicher sein, dass der Energieaufwand durch eure Gebetsanstrengungen ausgeglichen wird. Wägt daher bitte alles noch einmal ab und schätzt eure Möglichkeiten ein.

Ich bitte euch, diese weitere Möglichkeit zu nutzen, die euch als Gabe des Himmels gegeben wird.

Dafür könnt ihr in eurem Brief um Nachsicht für euch und eure Verwandten bitten, die gewährt werden kann, wenn das Gesetz des Karmas es gestattet.

Ihr könnt zum Beispiel die gebotene Möglichkeit nutzen, um eure Verwandten, die an chronischen Krankheiten oder schlechten Gewohnheiten leiden, von einem Teil der karmischen Ursachen zu befreien.

Vergesst aber nicht, dass die Energie vorrangig auf die Wiederherstellung der Energie gerichtet wird, die aus der kosmischen Reserve zur Stabilisierung der Lage auf der Erde entnommen wurde, und erst danach wird die Energie auf die Erfüllung eurer Bitten gerichtet.

Nehmt keine Verpflichtungen auf euch, die ihr nicht erfüllen könnt. Mögen eure Verpflichtungen darin bestehen, nur 15 Minuten lang Gebete zu lesen, doch ihr werdet eure Verpflichtungen täglich erfüllen. Und dies wird weitaus besser sein, als wenn ihr die Verpflichtung auf euch nehmt, eine oder zwei Stunden lang Gebete oder Rosenkränze zu lesen, ohne dass ihr die übernommene Verpflichtung auch nur eine Woche lang erfüllen könnt.

Schätzt eure Kräfte richtig ein.

Die Sitzung des Karmischen Rates beginnt jeden Augenblick. Aber ihr könnt eure Briefe an den Karmischen Rat noch im Laufe der nächsten zwei Wochen senden.

Ich bin glücklich, dass mir eine so freudige Pflicht zugefallen ist, euch an die Möglichkeit zu erinnern, die euch an diesen Tagen als Geschenk gegeben wird, wenn der Karmische Rat auf dem Planeten Erde tagt.

Vor euch liegt der nächste kosmische Zyklus, der bis zur nächsten Sitzung des Karmischen Rates andauert. Und ich hoffe, dass wir durch gemeinsame Anstrengungen das Gleichgewicht auf unserem Planeten aufrechterhalten können.

Zumindest sind die Aufgestiegenen Lichtwesen entschlossen, alle dafür notwendigen Anstrengungen zu unternehmen. Und wenn auch nur ein Tausendstel dieser Entschlossenheit wenigstens einigen tausend Vertretern der irdischen Menschheit eigen wäre, dann würde ich mir über die Situation auf dem Planeten Erde in den kommenden Monaten überhaupt keine Sorgen machen.

Es mag euch so vorkommen, dass man euch im Laufe vieler Jahrhunderte immer wieder Angst gemacht hat, dass der Weltuntergang bevorstehe, aber der Weltuntergang ist immer noch nicht gekommen. Und ihr verfallt in einen Zustand, in dem ihr unsere Ermahnungen missachtet. Tatsächlich sind sehr große Anstrengungen erforderlich, um das Gleichgewicht auf dem Planeten Erde aufrechtzuerhalten. Und die Situation verharrt seit vielen Jahrhunderten und sogar Jahrtausenden am Rande der Zerstörung des Planeten.

Ihr wisst, dass der Planet Erde am tiefsten Punkt seiner Materialität angelangt ist. Daher ist der Einfluss der geistigen Welt auf den Planeten an diesem tiefsten Punkt sehr begrenzt. Und weil dieser Tiefpunkt der Materialität viele Jahrtausende andauert, hält auch der Zustand der Ungewissheit so lange an. Aber ihr, die ihr auf dem Planeten Erde verkörpert seid, könnt an diesem tiefsten Punkt der Materialität einen viel größeren Einfluss auf den physischen Zustand des Planeten ausüben.

Das ist der Grund, weshalb wir uns unermüdlich an euch wenden.

Ich erinnere euch noch einmal daran, dass nicht so viele Anstrengungen von euch erforderlich sind, um die Situation auf dem Planeten zu verändern, weil die von euch unternommenen Anstrengungen viele tausend Mal stärker auf die Situation auf der Erde einwirken als die Anstrengungen der Aufgestiegenen Lichtwesen.

Denkt über meine Worte nach, wägt alles noch einmal ab und schreibt eure Briefe mit euren Verpflichtungen an den Karmischen Rat.

Die Aufgabe, die wir euch stellen, erscheint euch als eine Belastung. Denkt jedoch darüber nach, dass auf der einen Waagschale die Rettung des ganzen Planeten liegt und auf der anderen Waagschale eure momentanen egoistischen Interessen.

Erinnert euch die Situation mit der Wahl, die ihr manchmal trefft, nicht an die Situation eines Menschen, der weiter fernsieht, während sein Haus in Flammen steht?

Wir hoffen, dass in euren Köpfen die göttliche Vernunft die Oberhand gewinnt über eure rein menschlichen Bindungen und Gewohnheiten.

**ICH BIN Gautama Buddha,
und ich war an diesem Tag bei euch.**

Der Schlüssel zu eurer Zukunft und zur Zukunft des ganzen Planeten ist euer Bewusstsein

18. April 2006

ICH BIN Gautama Buddha, und ich bin an diesem Tage zu euch gekommen.

ICH BIN gekommen, um euch etwas Wissen und eine Unterweisung zu geben. Wie immer nutze ich das Gefäß und die Möglichkeit, die unsere Gesandte Tatyana uns bietet.

Noch vor kurzer Zeit hatten wir nicht die Möglichkeit, unsere Lehre so ungehindert der ganzen Welt zu geben. Und noch vor zwei oder drei Jahren hätte niemand gedacht, dass die Lehre auf dem Territorium Russlands gegeben werden kann. Seht, wie sich alles geändert hat.

Wir geben unsere Lehre, und gleichzeitig ändert sich die Situation in Russland und auf dem Planeten Erde insgesamt.

Ihr seht, und ihr habt die Möglichkeit zu beobachten, wie ein scheinbar unbedeutendes Ereignis Auswirkungen auf die ganze Welt haben kann. Möglicherweise ahnt ihr es nicht und zieht keine Analogie zu eurem eigenen Leben, und ihr verbindet die in eurem Leben stattfindenden Veränderungen nicht mit der Tatsache, dass wir die Möglichkeit haben, unsere Botschaften zu geben. Nun, wir verlangen von euch nicht, dass ihr überhaupt irgendwelche Analogien zieht. Beobachtet einfach die Veränderungen, die in eurem eigenen Leben und im Leben eurer Mitmenschen stattfinden.

Es wird einige Zeit vergehen, und ihr werdet lernen, hinter den Veränderungen den Einfluss der Aufgestiegenen Lichtwesen zu erkennen. Wir handeln offen, und es gibt nichts in unserem Handeln, was wir nicht in unseren Botschaften enthüllen. Der ganze Mechanismus, durch den wir auf den Planeten Erde einwirken und auf die Veränderungen Einfluss nehmen, die sich auf dem Planeten Erde ereignen, wird in unseren Botschaften und Lehren offen dargelegt.

Alles geschieht auf eine sehr einfache Weise. Ihr lest die Botschaften, ihr besucht die Seminare, die wir durch unsere Gesandte und mithilfe jener Menschen durchführen, die uns dienen möchten. Ihr erhaltet Energie, Wissen, und ihr verändert euer Bewusstsein, euer Denken, eure Schwingungen.

Ihr beeinflusst jeden Menschen, dem ihr auf der Straße begegnet, oder bei der Arbeit. So konnten wir in diesem Jahr Millionen von Menschen mit unserem Einfluss erreichen. Daher können wir jetzt mit Zuversicht sagen, dass der Prozess der Bewusstseinsveränderung so erfolgreich verläuft, dass entschieden wurde, dass der Prozess der Veränderungen auf dem Planeten Erde so weit wie möglich beschleunigt werden kann. Das heißt nicht, dass euch in nächster Zeit bedeutende Kataklysmen und Katastrophen drohen. Im Gegenteil, wenn der

Prozess der Bewusstseinsveränderung weiterhin so erfolgreich und mit einem solch entschlossenen Tempo verläuft, werdet ihr schwere Kataklysmen und Katastrophen vermeiden.

Wir können euch jedoch nicht garantieren, dass es keine Kataklysmen und Katastrophen geben wird, wenn die Kräfte, die sich uns widersetzen und zu allen möglichen Opfern bereit sind, um den Prozess der Veränderungen zu verlangsamen, aktive Maßnahmen ergreifen und in diese Maßnahmen eine große Anzahl von Menschen hineinziehen.

Bevor ihr daher mit einer Aktivität in eurer Welt beginnt, was immer es auch sein mag, wägt eure Motive sorgfältig ab, und versucht zu verstehen, welche Motive die Menschen bewegen, die euch nahelegen, an dieser oder jener Maßnahme teilzunehmen, einschließlich Gebetspraktiken. Die Energie des Gebets kann schlau für Ziele verwendet werden, die den göttlichen direkt entgegengesetzt sind.

Jetzt erlaubt uns eure Bewusstseinsebene, diese Lehren über die Verzerrung der Energie des Gebets zu geben. Zu allen Zeiten gab es Menschen, die die Energie des Gebets in die höheren Oktaven des Lichtes richteten, aber es gab auch andere Menschen, die die Energie der Gebete nutzten, um ihre persönlichen eigennützigen Ziele zu erreichen. In diesem Falle handelten sie nicht im Einklang mit dem Willen Gottes. Darüber hinaus schufen auch jene Menschen Karma, die in ihre Aktivitäten miteinbezogen wurden.

Alle Taten und Handlungen in eurer Welt, alle Gedanken und Gefühle erzeugen Karma. Ihr könnt nicht anders, als zu handeln, und folglich könnt ihr nicht anders, als Karma zu schaffen. Karma kann jedoch negativ und positiv sein. Negatives Karma verlängert den Zyklus eures Aufenthalts auf der Erde, und ihr seid gezwungen, immer wieder in die Verkörperung zu kommen.

Positives oder gutes Karma führt dagegen dazu, dass der Zyklus eures Aufenthalts auf dem Planeten Erde verkürzt wird.

Das Schicksal jedes Individuums und die Lage der Dinge auf dem Planeten Erde werden von dem Verhältnis zwischen positivem und negativem Karma beeinflusst, das die Menschheit in der Vergangenheit geschaffen hat und auch jetzt, in jedem Moment der Gegenwart schafft.

Darum wiederholen wir unermüdlich, dass die Zukunft des Planeten Erde und der Prozess der Veränderungen auf dem Planeten von jedem von euch abhängt.

Wie schwer es euch auch fallen mag, ihr müsst immer daran denken, dass eure Existenz nicht mit dem Tod eures physischen Körpers endet. Oh, ihr seid so viel mehr als euer physischer Körper! Jeder von euch hat das Potenzial, Gott zu werden. Und mit der Zeit werdet ihr alle zu Göttern. Mit Ausnahme derjenigen, die sich aus freiem Willen weigern, Gott zu werden, und die sich mit dem physischen Körper identifizieren wollen. Ihr wisst, dass alles, was euch umgibt, eine riesige Illusion darstellt. Und eure Aufgabe besteht im Großen und Ganzen darin, euch in eurem Bewusstsein über diese Illusion zu erheben. Und wenn ihr euch über die Illusion erhebt und von allem befreit, was euch an die physische Welt bindet, setzt ihr eure Entwicklung in den höheren Welten fort. Wenn ihr euch aber mit der physischen Welt identifiziert, so verurteilt ihr euch aus freiem Willen zum Tode, da die physische Welt mit der Zeit aufhören wird zu existieren, und ihr werdet nicht in die höheren Welten übergehen können, weil euer Bewusstsein die höheren Welten nicht akzeptiert.

Daher liegt der Schlüssel zu eurer Zukunft und zur Zukunft des ganzen Planeten in eurem Bewusstsein, und in welchem Maße ihr bereit seid, euer Bewusstsein zu ändern.

Diese gesegnete Möglichkeit, die eurem Planeten gegeben wird, muss von eurem Bewusstsein angenommen werden. Ihr müsst euch bewusst werden, dass es eine göttliche Möglichkeit gibt, und ihr müsst danach streben, diese Möglichkeit anzunehmen und sie in eurem Leben zu verwirklichen. Dann kann die göttliche Möglichkeit in eurer physischen Welt manifestiert werden.

Ich habe euch über den Mechanismus berichtet, wie wir auf die physische Welt einwirken und wie wir die physische Welt verändern. Dies ist die natürlichste Art der Veränderungen, die zuerst angewendet werden muss. Alle Kataklysmen entstehen deswegen, weil das Bewusstsein der Menschheit nicht der Ebene entspricht, die der Himmel zum gegebenen Zeitpunkt bei der irdischen Menschheit zu sehen wünscht. Deshalb warnen wir euch immer, wenn von euch verlangt wird, stärker an der Veränderung eures Bewusstseins zu arbeiten.

Jetzt freue ich mich, sagen zu können, dass das Tempo, mit dem sich das Bewusstsein der Menschheit ändert, den von uns gestellten Anforderungen entspricht.

Weiter so! Der Himmel ist euch dankbar. Und ihr dürft mit Recht auf neue Gnadengaben des Himmels hoffen.

Ich habe mich über unser heutiges Treffen gefreut.

ICH BIN Gautama Buddha. Om.

Setzt euch dem Wind der Veränderungen aus, und habt keine Angst davor, euch zu erkälten und krank zu werden

26. April 2006

ICH BIN Gautama Buddha, und ich bin an diesem Tag zu euch gekommen.

ICH BIN wie immer mit der Absicht gekommen, euch eine kleine Lehre zu geben, die hoffentlich nützlich für euch sein wird. Heute will ich eine Lehre geben, die eure Beziehungen zur Natur und eure Beziehungen innerhalb der menschlichen Gesellschaft betrifft.

Ihr seid einzigartig in eurem Wesen und in eurer Natur. Und eure Beziehungen zueinander und zu allem, was euch umgibt, sind sehr wichtig. Manchmal macht ihr euch nicht die Mühe, über die Auswirkungen nachzudenken, die ihr auf alles um euch herum habt. Es scheint euch so, dass alles, was euch umgibt, unabhängig von euch und außerhalb eures Bewusstseins existiert. Jedoch ist die Verbindung, die zwischen allen Manifestationen auf der physischen Ebene besteht, sehr stark. Sie ist so stark, dass jedes Element eurer Interaktion mit der Welt, die euch umgibt, katastrophale negative Auswirkungen haben kann, wenn dieses Element nicht dem göttlichen Plan entspricht.

Wir bemühen uns, die Situation auf dem Planeten auszugleichen. Aber auch ihr könnt das

Gleiche tun. Alles, was ihr braucht, ist, von der Liebe zu allem Leben, zu jeder Manifestation des Lebens durchdrungen zu sein und eure Einheit mit jedem Teilchen des Lebens zu spüren.

Eure Einheit ist nicht etwas Äußerliches, was ihr erlangen müsst. Eure Einheit ist euer innerer Zustand.

Die Einheit kommt aus eurem Inneren. Dazu müsst ihr Gedanken der Einheit in euer Bewusstsein einlassen. Versucht, niemanden zu kritisieren, wer immer es auch sein mag. Bemüht euch, in allem, was euch umgibt, positive Aspekte zu finden und eure Aufmerksamkeit darauf zu konzentrieren.

Ihr beeinflusst alles, was euch umgibt. Und weil ihr dem Potenzial nach Götter seid, ist dieser Einfluss manchmal so bedeutend, dass er die Zukunft des ganzen Planeten in wenigen Augenblicken verändern kann. Daher ist es überaus wichtig, ständig auf das Positive konzentriert zu sein. Positive Emotionen, freudige Stimmung. Allen Unannehmlichkeiten müsst ihr euch bewusst stellen. Denn je zahlreicher die Schwierigkeiten und Probleme sind, auf die ihr in diesem Leben stoßt und aus denen ihr mit Ehre hervorgeht, desto mehr Karma könnt ihr abarbeiten und desto mehr Fehler aus der Vergangenheit könnt ihr korrigieren. Und wenn ihr euch von Karma befreit, werdet ihr einen größeren Einfluss auf die Welt gewinnen. Denn das Licht Gottes, die göttliche

Energie kann ungehindert durch eure Chakren in eure Welt strömen.

Es ist nicht möglich, mit menschlichen Geräten die Menge an göttlicher Energie zu messen, die von dem einen oder anderen Menschen in eure Welt geleitet wird. Doch eure höheren Sinnesorgane wissen immer, durch wen das Licht fließt, und viele streben intuitiv nach dem Kontakt mit solchen Menschen.

Es gibt auch andere Beispiele des menschlichen Bewusstseins. Das Bewusstsein, das ganz auf sich selbst konzentriert ist und nur an sich selbst denkt und daran, wie es Freuden und Vergnügungen für sich selbst erhalten kann. Solche Menschen sind wie schwarze Löcher im Raum. Sie verschlingen Energie, geben aber nichts zurück. Um solche Menschen herum ist alles tot, und sie selbst sind wie lebende Tote. Und es gibt verschiedene Übergangszustände des menschlichen Bewusstseins zwischen diesen beiden extremen Manifestationen.

Und in Wirklichkeit entscheidet ihr immer selbst, in welche Richtung ihr euch bewegt. Ihr bewegt euch immer nur zum Licht hin oder in eine dem Licht direkt entgegengesetzte Richtung. Entweder ihr erfüllt euch selbst und eure Mitmenschen mit göttlicher Energie, mit Licht, oder ihr seid Verbraucher der göttlichen Energie.

Wenn zwei Individuen zusammenkommen, die das Licht in sich tragen, dann tauschen sie göttliche

Energien aus und bereichern sich gegenseitig. Jede Manifestation der göttlichen Flamme ist einzigartig. Und die Interaktion zweier göttlicher Flammen, die sich in der Verkörperung befinden, bereichert beide Flammen.

Daher wird es sowohl für jedes Individuum als auch für den Planeten insgesamt gut sein, wenn auf dem Planeten Orte entstehen, an denen sich Menschen aufhalten und kommunizieren können, die ein fürsorgliches Herz haben und sich nicht nur um sich selbst und ihnen nahestehende Menschen kümmern, sondern um alle Lebewesen auf dem Planeten Erde. Ihre Kommunikation wird das Ausströmen der göttlichen Energie in die physische Welt verstärken.

Und jene Orte, an denen negative Energien vorherrschen, verbreitet von Menschen, die nur auf sich selbst konzentriert sind, werden mit der Zeit zu isolierten Kolonien für Menschen, die an einem nicht-göttlichen Bewusstsein leiden.

In naher Zukunft wird sich eine Spaltung der Erdbevölkerung vollziehen. Menschen, die sich in ihrem Herzen zu Gott bekennen, werden danach streben, sich mit Menschen zu vereinigen, die ihnen ähnlich sind. Es werden neue Siedlungen entstehen, in denen solche Menschen leben werden. Und da jeder Mensch alles beeinflusst, was ihn umgibt, wird das Aufblühen solcher Siedlungen dem Goldenen Zeitalter ähnlich sein. Und dies werden die ersten Manifestationen des Goldenen Zeitalters sein. Und davon, wie erfolgreich ein solcher Aufbau sein wird, hängt es ab, wie schnell sich die Veränderungen auf der Erde vollziehen werden.

Schon in jungen Jahren wird sich ein Mensch, der sich in einem günstigen Umfeld befindet, die Verhaltensmuster und moralisch-sittlichen Normen aneignen können, die für solche Siedlungen charakteristisch sind.

Diese Städte der Zukunft sollten auf dem Planeten zu entstehen beginnen. Und jeder von euch kann die Initiative ergreifen und eine solche Siedlung gründen. Ihr wisst, dass die beste Form des Gebets das Gebet durch Taten ist. Und wenn ihr in euch die Kraft und den Wunsch dazu verspürt, so wartet nicht weiter auf irgendein Kommando von außen. Handelt und erschafft.

Nutzt die Möglichkeit, die für den Planeten Erde gekommen ist.

Ich würde mich freuen, wenn unsere Vorschläge in euren Herzen Anklang finden.

Alles, was von Gott ist, alles, was die Menschen zu Gott streben lässt, wird unterstützt werden und sich in eurer Welt manifestieren. Alles, was die Trennung von Gott gewählt hat, wird die Früchte der unrichtigen Wahl ernten. Doch jeder Mensch und jedes Lebewesen hat immer die Möglichkeit, auf den göttlichen Weg zurückzukehren.

Es ist nur so, dass manche menschlichen Individuen ihre Lektionen erhalten müssen. Es ist ein

Glück, dass der Planet Erde jedem die Möglichkeit gibt, seine Lektionen zu erhalten, und jedem die Aussichten auf eine göttliche Entwicklung eröffnet.

Jetzt bitte ich euch, euch in euer Herz zu vertiefen und nachzudenken. Was hält euch in dem gewohnten Umfeld zurück? Was drängt euch dazu, jahrelang an einem bestimmten Verhaltensmuster festzuhalten, das ihr euch selbst aufgezwungen habt? Was begrenzt eure Freiheit und die Entfaltung eurer Göttlichkeit?

Ist all das, was eurer Entwicklung hinderlich ist, wirklich so wichtig, und ist es nicht endlich an der Zeit, euch all eurer kleinlichen egoistischen Bindungen zu entledigen und euch selbst allen Lebewesen zu schenken und dafür unendlichen Frieden und die grenzenlose Freude des Dienens zu erhalten?

Bemüht euch, in eurem Bewusstsein all das zu analysieren, was euch daran hindert, innere Freiheit zu erlangen und zu den Gipfeln der Göttlichkeit zustreben.

Nur ihr selbst begrenzt euch, und nur ihr selbst hindert euch daran, eure göttlichen Eigenschaften zu manifestieren und eure göttliche Bestimmung zu erfüllen.

Erlaubt der göttlichen Energie, ungehindert durch euer Wesen zu strömen, und sie wird auf ihrem Weg alle kleinen und großen Hindernisse in Form eures Egos, eurer Ängste, eurer Begrenzungen und eurer Dogmen vertreiben.

Setzt euch dem Wind der Veränderungen aus, und habt keine Angst davor, euch zu erkälten und krank zu werden.

**ICH BIN Gautama Buddha,
mit Vertrauen in euch!**

Eine Lehre über das Glück
10. Juli 2006

ICH BIN Gautama Buddha, und ich bin erneut gekommen. Und wie immer bin ich gekommen, um euch meine Unterweisung zu geben, eine Botschaft für die Welt, die die Welt jetzt braucht.

Heute möchte ich eure Aufmerksamkeit auf die Umstände richten, die in eurem Leben bestehen und die euch daran hindern, inneres Gleichgewicht, Frieden, Harmonie und Glück zu erlangen.

Und dieses Glück ist nicht ganz das Glück, an das die Menschen denken, wenn sie mitten im Leben stehen. Mein Verständnis von Glück und euer Verständnis von Glück unterscheiden sich voneinander. Und wisst ihr warum? – Weil ihr Glück vom Standpunkt der Umstände eines einzelnen Lebens betrachtet, in dem ihr euch jetzt befindet. Ich aber betrachte Glück nicht nur vom Standpunkt des gegenwärtigen Lebens, sondern vom Standpunkt aller meiner Verkörperungen und vom Standpunkt der Verkörperungen aller Lebewesen, die jetzt auf dem Planeten Erde verkörpert sind oder ihre nächste Verkörperung erwarten.

Daher unterscheidet sich mein Verständnis von Glück von dem euren. Doch wir können unsere Verständnisse von Glück einander annähern, wenn ihr zulasst, dass eure Vorstellungen über den Rahmen der euch umgebenden Wirklichkeit hinausgehen. Erweitert ein wenig den Bereich eurer Wahrnehmung der Welt. Geht über den Rahmen dessen hinaus, was euch in eurem Leben umgibt, eure täglichen Sorgen und Probleme. Denn was ihr in eurem äußeren Bewusstsein zulasst, wird sich früher oder später in eurem Leben manifestieren. Und wenn ihr ständig auf eure gegenwärtigen Probleme fixiert seid, so werdet ihr auch in Zukunft nichts anderes als diese Probleme bekommen.

Glück ist einfach ein Zustand eures Geistes. Und selbst wenn es für euer äußeres Bewusstsein so scheint, als nähmen die Probleme und Sorgen in eurem Leben kein Ende, werdet ihr, wenn ihr euer Bewusstsein ein wenig erhöhen könnt, verstehen, dass ihr tatsächlich das glücklichste Wesen in diesem Universum seid.

Es kommt euch so vor, als würde ich mir einen Scherz mit euch erlauben. Doch aus meiner Sicht als Aufgestiegenes Wesen beneide ich euch, die ihr jetzt in der Verkörperung seid. Glaubt mir, dass alles nur eine Sache eures Bewusstseins ist und wie ihr alles wahrnehmt, was um euch herum geschieht. Und die meisten eurer Probleme, 99 Prozent eurer Probleme, schafft ihr euch selbst einfach dadurch, dass ihr nicht in der Lage seid, mit eurem Bewusstsein aus den Rahmen der euch umgebenden Wirklichkeit auszubrechen. Glück ist einfach ein Zustand eures Geistes. Und tatsächlich ist die Lehre, die wir geben, die Lehre, die für euch Glück in sich trägt.

Euer Bewusstsein lernt, alles, was euch umgibt, aus der Perspektive der Existenz einer anderen, einer höheren Realität wahrzunehmen. Und ihr erwerbt Wissen über das Gesetz des Karmas. Und dieses Wissen und diese Fähigkeiten ermöglichen es euch, eure Lebenssituation zu bewältigen. Ihr müsst verstehen, dass ihr selbst derjenige seid, der euch vom Zustand des Glücks trennt. Mit anderen Worten, ihr selbst hindert euch daran, glücklich zu sein.

Lasst uns die Situation anhand eines Beispiels betrachten. Es lässt euch beispielsweise keine Ruhe, dass einer eurer Nachbarn oder ein anderer Mensch mehr besitzt als ihr. Ihr beginnt, Neid zu empfinden, wünscht diesen Menschen Böses und werdet dadurch immer unglücklicher. Ihr treibt euch buchstäblich selbst in die Enge. Und euer Bewusstsein kann das Netz aus Neid und Wut nicht länger durchbrechen.

Jetzt lasst uns ansehen, wie ein weiser Mensch sich verhält. Er kann sich über das Glück anderer Menschen freuen, und er kann sich darüber freuen, dass nicht er selbst, sondern jemand anderes die Möglichkeit hat, etwas zu kaufen, etwas zu tun. Ein solcher Mensch erlangt Verdienste in seinem Herzen, die es ihm ermöglichen, sein Bewusstsein über das Gewöhnliche zu erheben und Freude und Glück in seinem Bewusstsein zu finden.

Und wenn ihr lernt, euch über die Errungenschaften anderer zu freuen, werdet ihr auf diesem

Wege für euch selbst die Möglichkeit eröffnen, ebenfalls erfolgreich zu sein. Und selbst wenn es euch aus karmischen Gründen in dieser Verkörperung nicht erlaubt ist, recht viel zu besitzen und in Wohlstand zu leben, so schafft ihr dennoch für euch selbst günstigere Bedingungen für die nächste Verkörperung, und euer nächstes Leben wird erfolgreicher sein und voller Dinge, die die Menschen als Manifestation des Glücks betrachten. Wenn ihr aber zunehmend eine positive Denkweise entwickelt, so werdet ihr verstehen, dass keine der in eurer Gesellschaft anerkannten Zeichen des Glücks euch wahres Glück bringen. Und wahres Glück liegt in eurer Fähigkeit, euch für das Wohlergehen anderer Lebewesen zu opfern. Ihr opfert euch selbst, und aus der Sicht der Menschen, die heute auf der Erde leben, seid ihr ein Versager, aber euer Zustand ähnelt einem Zustand des stillen inneren Glücks und der Glückseligkeit. Und ihr werdet diesen Zustand für keine Reichtümer der Welt eintauschen.

Oh, dieser Zustand, von dem ich euch erzähle, ist den höchsten Eingeweihten zugänglich. Und viele von euch, die diese Zeilen lesen, mögen denken, dass ich von etwas rede, was mit ihnen nichts zu tun hat, weil sie zu sehr auf ihre menschlichen Probleme fixiert sind. Ich werde euch jedoch kein Geheimnis verraten, wenn ich sage, dass der Zustand, von dem ich rede, euch allen in einem bestimmten Stadium eurer Entwicklung zugänglich wird. Es ist der Geisteszustand eines

Buddhas. Und ihr alle werdet im Laufe der Zeit zu Buddhas. Denn dies ist die nächste Stufe in der Entwicklung der Menschheit. Und wie sehr ihr auch versucht, diese Entwicklungsstufe hinauszuzögern, sie wird trotz allem kommen. Weil Tausende von Wesenheiten, die bereits die Stufe des Buddha-Bewusstseins erreicht haben, bereitstehen und darauf warten, sich in eurer Welt zu verkörpern und ihr zu helfen, indem sie die Sünden der Welt auf sich nehmen und für die Menschheit leiden. Auf diese Weise sühnen sie für das Karma der Menschheit und geben der Menschheit eine Chance nach der anderen, auf den evolutionären Weg der Entwicklung zurückzukehren und nicht durch den nächsten zerstörerischen Kataklysmus vernichtet zu werden.

Ich bin glücklich, euch heute diese Lehre über das Glück geben zu können. Denn sehr viele von euch sind nur deswegen unglücklich, weil sie in einem Umfeld leben, in dem das Wissen von der Wahrheit fehlt. Unwissenheit ist eine allgemeine Krankheit der Menschheit. Unwissenheit umhüllt euch wie ein narkotischer Nebel und löscht in euch den Funken des Verstandes, den ihr vor langer Zeit von den Meistern der Weisheit erhalten habt und der bis zu einer bestimmten Zeit im Inneren eures Wesens verborgen ist. Aber der Moment wird kommen, wenn euer Funke zu brennen beginnt, und die Flamme, die im Inneren eures Wesens auflodert, wird vielen verirrten Seelen den Weg erhellen können. Ihr verbrennt, aber ihr erhellt den Weg für andere. Daher ist die Fackel oder Kerze ein Symbol der Aufklärung.

Selbstaufopferung und Dienen – dies sind die Eigenschaften, die ihr beharrlich erarbeiten müsst, sobald ihr beginnt, aus dem Nebel der Unwissenheit hervorzutreten. Der Zustand des Glücks ist für euch unmittelbar davon abhängig, wie erfolgreich ihr die Unwissenheit und Faulheit überwinden könnt, die den meisten Menschen in diesem Stadium eigen sind.

Ich verabschiede mich jetzt von euch. Und ich bin traurig, dass ich meinen Zustand des Glücks nicht einer möglichst großen Anzahl von Individuen vermitteln kann, die jetzt auf der Erde verkörpert sind.

**ICH BIN Gautama,
und ich wünsche euch Erleuchtung
und Glück.**

Eine Botschaft zum Jahresbeginn

1. Januar 2007

ICH BIN Gautama Buddha, und ich bin an diesem Tag wieder zu euch gekommen, zum Beginn des neuen Jahreszyklus.

Jedes Mal, wenn ein neuer Jahreszyklus beginnt, kommen wir, um Unterweisungen zu geben, die den neuen Zyklus der Zeit betreffen. Und heute bin ich gekommen, um eine solche Unterweisung zu geben.

Ihr wisst, dass der Jahreszyklus der Wirkung des Gesetzes des Karmas in einer solchen Weise unterliegt, dass das Karma nicht mit einem Mal herabkommt, sondern sich über den ganzen Zeitraum des Jahres erstreckt. Jeden Monat erhaltet ihr die Rückkehr einer bestimmten Menge an Karma. Auf diese Weise habt ihr die Möglichkeit, euer Karma aus der Vergangenheit schrittweise Jahr für Jahr und Monat für Monat abzuarbeiten. Wenn ihr die Möglichkeit erhieltet, euer ganzes Karma, eure negative Energie auf einmal abzuarbeiten, die Energie, die ihr in euren vergangenen Leben verzerrt habt, so könntet ihr dies nicht aushalten. Eure Körper würden augenblicklich in Stücke gerissen. Daher wirkt das Gesetz in einer solchen Weise, dass ihr jeden Moment eures Lebens die Möglichkeit erhaltet, genau die Menge an negativer Energie aus der Vergangenheit zu bewältigen, die ihr bewältigen könnt. Euch wird niemals mehr gegeben, als ihr aushalten könnt. Daher müsst ihr einfach vor dem Gesetz dieses Universums demütig sein und in Demut die Rückkehr der karmischen Energie erwarten, die ihr selbst geschaffen habt und die euch in Zyklen zur Abarbeitung gegeben wird.

Das neue Jahr kann man in gewissem Sinne als den Anfang der Abarbeitung einer neuen Schicht von Energien aus der Vergangenheit betrachten. Und mit jedem Jahr, das ihr erfolgreich abschließt, arbeitet ihr euer altes Karma ab und nähert euch einer neuen Bewusstseinsebene. Und wenn es nicht das neue Karma gäbe, das ihr unermüdlich schafft, dann würden bereits einige Jahre ausreichen, um euch vom Löwenanteil eures Karmas aus der Vergangenheit zu befreien.

Jedoch gebrauchen nicht alle von euch in einer vernünftigen Weise ihre göttliche Energie und ihre Zeit in der Verkörperung. Daher wird für viele von euch die Menge an negativer Energie, die ihr durch Leiden, Krankheiten, Not und Unglück abarbeitet, gleich wieder durch neues Karma aufgefüllt, das ihr unermüdlich durch eure falschen Handlungen und falschen Entscheidungen in eurem Leben schafft.

Und wenn es nicht die göttliche Gnade gäbe, dann würdet ihr völlig der Möglichkeit eures weiteren Fortschreitens beraubt, so großes Karma schaffen viele von euch in ihren Leben. Doch dank der göttlichen Gnade kehrt dieses Karma nicht sofort zu euch zurück, sondern wartet auf eine günstige Gelegenheit, wenn ihr in der Lage seid, die negative

Energie aus der Vergangenheit zu überstehen und nicht nur eure karmische Last auszuhalten, sondern auch darüber nachzudenken, warum so viel Unglück auf einmal über euch hereinbricht. Und so können viele von euch die Existenz des höheren Gesetzes erkennen und mit ihrem Wesen danach streben, dieses Gesetz zu erfüllen.

Viele von euch haben eine solche Ebene des Bewusstseins erreicht, dass sie sich mit der Bitte an den Karmischen Rat wenden, die Rückkehr ihres Karmas zu beschleunigen, damit sie in diesem Leben die größtmögliche Menge an Karma abarbeiten können und die Möglichkeit erhalten, auf einer neuen, von Karma freien Ebene des Bewusstseins zu dienen.

Vor einem aber möchte ich euch warnen: Nachdem ihr solche Briefe geschrieben habt und das Karma beschleunigt zu euch zurückzukehren beginnt, vergesst nicht, worum ihr gebetet habt, und hadert nicht mit eurem Schicksal. Tatsache ist, dass der Prozess der Rückkehr des Karmas, wenn er auf eure Bitte hin beschleunigt wird, auf eure Bitte hin auch wieder zurückgehalten und zu seinem natürlichen Fluss zurückgeführt werden kann. Vergesst nicht, worum ihr gebetet habt. Und wenn ihr zu voreilig wart und eure Kräfte nicht richtig eingeschätzt habt, schreibt einen weiteren Brief an den Karmischen Rat und bittet darum, dass der Prozess der Rückkehr eures Karmas in Zukunft nicht beschleunigt wird.

Viele von euch sind sich nicht über die Verpflichtungen im Klaren, die ihr auf euch genommen habt, als ihr euch im feinstofflichen Körper, auf der Ebene eurer Seele befandet. Wenn ihr daher in eurem Leben auf Schwierigkeiten stoßt und diese Schwierigkeiten euch überwältigen, so denkt tief nach. Sprecht mit eurem Höheren Selbst, beratet euch mit ihm. Denn der Prozess der Rückkehr des Karmas kann dank der großen Gnade des Himmels von euch reguliert werden. Dies ist besonders wichtig, wenn ihr gutes Karma habt, das mit der Hilfe für andere Lebewesen und für die Meister verbunden ist. Denn euer gutes Karma kann immer dazu verwendet werden, um die Intensität eurer karmischen Last zu verringern. Wenn ihr euch der Wirkung des Gesetzes des Karmas bewusst seid und danach strebt, in eurem Leben in Übereinstimmung mit diesem Gesetz zu handeln, so erfüllt ihr eine der wichtigsten Voraussetzungen für eure weitere Entwicklung, und die Gnade des Himmels wird nicht zögern, euch auf euren ersten Ruf hin zu Hilfe zu kommen. Bedauern rufen jene Individuen hervor, die das Gesetz des Karmas missachten und weiter nach dem Prinzip "nach mir die Sintflut" leben. Ihr solltet über diese Redewendung nachdenken. Und vielleicht geratet ihr in eurem nächsten Leben gerade in die Sintflut, die ihr für euch selbst heraufbeschworen habt.

Denkt darüber nach, wie viel Unheil und Probleme vermieden werden könnten, wenn die Menschen jede Minute ihres Lebens nicht nur über die Folgen ihres Handelns, sondern auch über die Folgen ihrer Gedanken und Gefühle nachdenken würden.

Eines der Ziele unserer Botschaften besteht gerade darin, dass ihr euch angewöhnt, euch jeder Handlung, jedes Gedankens und jedes Gefühls bewusst zu werden. Denn für Gott, für das kosmische Gesetz gibt es keine Geheimnisse, und alle eure Gedanken werden ebenso in der Akasha-Chronik aufgezeichnet wie eure Taten und Handlungen. Ihr könnt euch gegenseitig Dinge vorheucheln und eure wahren Motive und negativen Gedanken voreinander verbergen. Gott sieht alles, und es ist nicht möglich, selbst die kleinste Regung eurer Seele vor Ihm zu verbergen.

Und es wäre gut, wenn ihr es euch zur Regel machen würdet, ständig die Anwesenheit eines unsichtbaren Zeugen in eurer Nähe zu spüren, der alle eure Handlungen und selbst Regungen eurer Seele beobachtet. Dann werdet ihr mit größerer Verantwortung auf alle Handlungen und alle Entscheidungen in eurem Leben zugehen können.

Und ich möchte euch noch einen sehr wichtigen Rat geben, und wenn ihr ihm folgt, könnt ihr sehr schnell den Prozentsatz des von euch abgearbeiteten Karmas erhöhen. Jedes Mal, wenn ihr im Leben vor einer Entscheidung steht, wie ihr tun sollt, versucht, das Motiv zu verstehen, das euch bei dieser Wahl bewegt. Und wenn ihr bestrebt seid, etwas zu tun, weil es für euch persönlich gut ist, so ist dies das falsche Motiv, und infolge eurer Wahl wird sich eure karmische Last vergrößern.

Wenn ihr euch aber in euren Entscheidungen von dem Motiv leiten lasst, dass es für andere Menschen, für andere Lebewesen gut ist, so verzweifelt nicht, selbst wenn es euch so scheint, dass eure Wahl euch Schaden zufügt und nach allen menschlichen Gesetzen und vom Standpunkt elementarer menschlicher Logik nicht günstig für euch ist. Vom Standpunkt der göttlichen Logik trefft ihr die richtige Wahl, und diese Wahl wird unweigerlich dazu führen, dass eure karmische Last erleichtert wird. Ihr verliert im Kleinen, doch ihr gewinnt im Großen.

Ihr fahrt zum Beispiel eine Bergstraße entlang, und vor euch auf der Straße erscheint ein Mensch, der eure Hilfe braucht. Ihr verbringt Zeit damit, ihm zu helfen, und ihr verliert diese Zeit. Die Sonne geht unter, und ihr werdet in eurem Vorankommen auf dem Weg aufgehalten. Doch wenn ihr euch nicht dem Gefühl der Verärgerung hingebt, so wird sich morgen eine neue Route vor euch öffnen, von der ihr bisher nichts ahntet und diese Route wird euren Weg erheblich beschleunigen. Und ihr werdet an dem Ort, an dem ihr sein müsst, viel früher ankommen, als ihr geplant hattet. So wirkt das Gesetz des Karmas.

Denkt nie darüber nach, welchen Vorteil ihr erhaltet werdet, wenn ihr Gutes tut. Lasst jene himmlischen Lichtwesen eure karmische Schuld und eure Verdienste berechnen, deren Aufgabe dies ist. Tut einfach Gutes, und denkt nicht an die Belohnung.

Es war mir eine Freude, euch zu Beginn des Jahres an das große Gesetz zu erinnern, das in diesem Universum existiert, und ich hoffe, dass ich es wie immer rechtzeitig getan habe.

ICH BIN Gautama Buddha.

Über die aktuelle Situation auf der Erde
7. März 2007

ICH BIN Gautama Buddha, und ich bin heute zu euch geeilt, um euch eine wichtige Botschaft zur aktuellen Situation auf dem Planeten Erde zu geben.

Wie immer sind diejenigen von euch, die diese Botschaften lesen, gerade die Menschen, die am meisten zu konkretem Handeln bereit sind. Daher komme ich am heutigen Tag zu euch, um die Situation zu erklären und euch um Hilfe zu bitten. Euer heimischer Planet braucht jetzt eure Hilfe. Nicht die Hilfe, die ihr in euren täglichen Gebeten erweist, sondern eine andere Hilfe, an der ihr euch alle beteiligen müsst. Denn die Situation ist sehr angespannt, und eine Reihe von Erdbeben kann große Zerstörung verursachen und zu einer großen Anzahl von menschlichen Opfern führen. Daher komme ich als Meister, der für die Lage auf der Erde und für das Gleichgewicht der Energien auf dem Planeten Erde verantwortlich ist. Kein anderer Meister kann sich in dieser Situation an euch wenden.

Ich bitte euch um eine Hilfe, die alle von euch leisten können, die diese meine Botschaft lesen.

In dieser Stunde, in der ihr meinen Hilferuf lest, macht bitte unverzüglich leise in eurem Herzen oder laut ausgesprochen die folgende Anrufung:

„Oh, Erde, ich weiß, dass es schwer für Dich ist, ich weiß, dass Du am heutigen Tag meine Hilfe brauchst. Ich bitte mein Höheres Selbst im Namen des ICH BIN WAS ICH BIN, die göttliche Energie, die heute in meinen Tempel einströmt, für die Stabilisierung der Lage auf der Erde zu geben".

Tausende von euch, die zu einem solchen Opfer bereit sind, können die Situation auf dem Planeten Erde sofort ändern.

Ich empfehle euch, diese Anrufung in Momenten jeglicher Kataklysmen und Naturkatastrophen zu machen, die den Planeten Erde befallen.

Und nun möchte ich die Gelegenheit nutzen, um euch noch einige Informationen zur Sonnenfinsternis am 19. März 2007 zu geben. Die Sonne symbolisiert den göttlichen Verstand, und jede Verfinsterung der Sonne, die sich ereignet, bedeutet eine zusätzliche Belastung für eure feinstofflichen Körper. Wenn sich eine Sonnenfinsternis ereignet, empfehle ich euch, einige Tage vor und nach der Sonnenfinsternis sorgfältig auf euch selbst und euren Tagesablauf zu achten. Ihr solltet mehr ausruhen und mehr schlafen, und natürlich eure Harmonie bewahren.

Eure unvollkommenen Energien, die in euren niederen Körpern vorhanden sind, werden aktiviert, und ihr mögt weniger angenehme Zustände erleben. Für manche wird es eine grundlose Gereiztheit und

Disharmonie sein, während andere unter Depressionen leiden oder unkontrollierbare Handlungen begehen mögen. Besonders gefährlich sind Sonnenfinsternisse für psychisch unausgeglichene und psychisch kranke Menschen. Sorgt daher für das seelische Wohlbefinden eurer nahen Verwandten. Versucht, sie vor jeglichen negativen Zuständen zu schützen.

Sehr nützlich werden Meditationen und Gebetspraktiken sein, die auf Harmonie, Frieden und Liebe ausgerichtet sind.

Ich bin gekommen, um euch vor den ungünstigen Energieströmen auf der Erdoberfläche zu warnen. Ich bin gekommen, um euch zu versichern, dass alles in euren Kräften steht und ihr imstande seid, die Situation auf dem Planeten aus eigenen Kräften zu harmonisieren, auch ohne die Hilfe der Aufgestiegenen Lichtwesen zu erbitten.

Ihr müsst euch nur vorstellen, dass die Energie, die euch von Gott gegeben wird, auf euren Wunsch hin darauf ausgerichtet werden kann, die Situation auf dem Planeten zu harmonisieren und jegliche Naturkatastrophen abzuwenden.

Die Elemente sind nicht blind. Wenn eure Gedanken und Gefühle unharmonisch sind, so geraten die Elemente unter diesem Einfluss aus dem Gleichgewicht. Ebenso können die Elemente in einen Zustand des Gleichgewichts versetzt werden, wenn ihr euch bemüht, euch selbst und die

Menschen um euch in einen harmonischen Zustand zu bringen.

Achtet darauf, dass eure Gedanken und Gefühle in einem ruhigen, ausgeglichenen Zustand bleiben, nicht nur im Laufe des heutigen Tages, sondern mindestens bis zum Ende dieses Monats.

Wir behalten sorgfältig die Situation auf dem Planeten im Auge und leisten alle erforderliche Hilfe. Aber heute bin ich gekommen, um euch um Hilfe zu bitten, damit ihr unsere Unterstützung spürt und wir uns auf euch in jenen Situationen verlassen können, wenn dem Planeten ein Kataklysmus droht.

Ich habe mich gefreut, dass unser heutiges Treffen stattgefunden hat, und dass es mir gelungen ist, eurem äußeren Bewusstsein so wichtige und notwendige Informationen nahezubringen.

**ICH BIN Gautama Buddha,
mit Liebe und Hoffnung auf euch.**

Eine Lehre über das Handeln auf der physischen Ebene

29. Juni 2007

ICH BIN Gautama Buddha, und ich bin an diesem Tag für eine neue Unterweisung zu euch gekommen.

Ich bin gekommen, um euch eine Lehre zu geben, die ihr sicherlich schon gehört habt, aber jedes Mal, wenn ihr die göttliche Wahrheit wahrnehmt, die so alt wie die Welt ist, seid ihr fähig, sie auf einer immer höheren Ebene zu erkennen.

Es gibt diejenigen unter euch, die nicht bereit sind und nichts von der Wahrheit wissen wollen, und sie sind völlig zufrieden mit der Welt, die sie umgibt. Aber sie sind es nicht, an die ich mich wende. Ich wende mich an diejenigen von euch, in deren Herzen das Feuer des Strebens nach einer besseren Welt brennt, die bereit sind, vieles zu opfern, sogar das Leben selbst zu opfern, um neue Vorbilder in die physische Welt zu bringen, gleich um was für Vorbilder es sich handeln mag und in welchem Tätigkeitsbereich sie sich manifestieren. Es gibt zu viele Unvollkommenheiten in eurer Welt, die durch vollkommenere Muster ersetzt werden müssen. Daran arbeiten wir gemeinsam mit unseren ergebenen Schülern, die seit Jahrtausenden mit uns sind und sich immer wieder verkörpern, um bei der Manifestation der göttlichen Vorbilder in der physischen Welt zu helfen.

Es gibt verschiedene Ebenen der Wahrnehmung der Wahrheit, und es gibt verschiedene Ebenen des Dienens. Manchen Menschen reicht es völlig aus, Gebete und Rosenkränze zu lesen und Dekrete und Mantras zu rezitieren. Es gibt andere Menschen, die ihre Körper durch langen Dienst am Leben harmonisiert haben, und sie sind bereit, Arbeit für die Bruderschaft zu leisten. Sie sind bereit, den Dienst zu erfüllen, der in konkreter Arbeit auf der physischen Ebene zum Ausdruck kommt. Viele kommen in die Verkörperung, um eine sehr kleine Arbeit zu erfüllen. Es ist notwendig, unsere Sache zum richtigen Zeitpunkt zu unterstützen und für ihren Schutzeinzutreten. Und eine kleine Sache, die im richtigen Moment getan wird, kann das Bewusstsein von Millionen Menschen von Hass, Feindschaft und Misstrauen abwenden und es auf göttliche Liebe, Harmonie und göttliche Ordnung richten.

Es gibt keine kleinen Dinge, die unsere ergebenen Schüler tun. Alle Taten, die dem Kurs der göttlichen Evolution entsprechen, sind gleichermaßen ehrenvoll, und das menschliche Bewusstsein kann nicht beurteilen, um wie viel bedeutender diese oder jene Aufgabe der Bruderschaft ist, die ausgeführt wird.

Es gibt keine Kleinigkeiten im göttlichen Dienen. Und jedes Mal, wenn es euch so scheint, als sei euer Beitrag unbedeutend und nichts hinge von euch ab, erinnert euch an diese Botschaft von mir, erinnert euch an meine Worte über die Größe jeder Handlung, die in einem Akt uneigennützigen

Dienens für das Gemeinwohl ausgeführt wird. Erinnert euch, erinnert euch immer wieder daran, dass nicht die Tat selbst wichtig ist, sondern der Impuls, das Momentum, das ihr in euer Handeln auf der physischen Ebene legt.

Wenn ihr das ganze Momentum der Liebe hineinlegt, das ihr besitzt; wenn ihr eine sehr kleine Sache tut, aber mit großer Liebe, dann kann dieser Beitrag von euch sehr viel auf dem Planeten Erde ändern.

Ihr solltet nicht vergessen, dass ihr nicht nur ein physischer Körper seid. Und während es für euren physischen Körper von Bedeutung ist, was ihr mit eigenen Augen seht und was ihr berühren könnt, ist für eure feinstofflichen Körper euer Zustand sehr wichtig, in dem ihr handelt. Und die feinstoffliche Welt ist sehr empfänglich für euren inneren Zustand und eure innere Stimmung. Selbst wenn ihr auf der physischen Ebene richtig handelt, aber nicht im allerbesten Zustand eures Bewusstseins, könnt ihr daher auf der feinstofflichen Ebene ein solches Hindernis schaffen, dass im unpassendsten Moment alle von euch unternommenen Anstrengungen über den Haufen geworfen werden.

Vergesst nicht, dass sich alle eure Körper im Gleichgewicht befinden müssen, während ihr auf der physischen Ebene handelt.

Und ich möchte noch auf jene Praktiken eingehen, bei denen ihr versucht, etwas durch eure Gedanken zu tun, wenn ihr euch auf die Ausführung einer Aufgabe auf der feinstofflichen Ebene konzentriert. Wenn ihr ein Adept eines sehr hohen Grades seid, kann tatsächlich jeder eurer Gedanken und jede eurer Gedankensendungen nicht nur auf der feinstofflichen Ebene, sondern auch auf der physischen Ebene verwirklicht werden. Wenn ihr aber versucht, auf der feinstofflichen Ebene durch Gedanken und Gefühle schöpferisch tätig zu werden, ohne die Vollkommenheit eines Adepten zu besitzen, ,bringt ihr die gleichen unvollkommenen Muster hervor, von denen eure Welt überflutet ist, aber nur auf der feinstofflichen Ebene. Und nach einiger Zeit werdet ihr dann auf denjenigen Schichten der feinstofflichen Welt Ordnung schaffen müssen, die ihr durch euer falsches Handeln verunreinigt habt.

Ist es nicht einfacher für euch, Dinge auf der physischen Ebene zu tun, aber im richtigen Bewusstseinszustand? – Dann werden sich alle eure richtigen und falschen Bewusstseinszustände widerspiegeln, und ihr werdet mit euren physischen Sinnesorganen die Unvollkommenheit in dem von euch Geschaffenen sehen und sie korrigieren können.

Es ist sehr schwer, blind zu erschaffen. Wenn ihr euch auf der physischen Ebene befindet, ist es daher am einfachsten für euch, mit dem Handeln auf der physischen Ebene zu beginnen, aber im richtigen Bewusstseinszustand. Und dann werdet ihr das Resultat eures Handelns deutlichsehen und die Fehler korrigieren und rechtzeitig beheben können.

Lernt an der praktischen Arbeit, die darauf ausgerichtet ist, eure physische Welt zu verändern.

Wenn ihr euch mit eurem unvollkommenen Bewusstsein einmischt und versucht, die feinstoffliche Welt zu verändern, wird in 99 Prozent der Fälle nichts Brauchbares dabei herauskommen. Glaubt mir, es gibt auf der feinstofflichen Ebene und auf den höheren Ebenen des Seins eine ausreichende Anzahl von Wesen, die ihre Arbeit auf der feinstofflichen Ebene verrichten. Und dann, wenn euer Bewusstsein euch erlaubt, die irdische Welt zu verlassen und euch nicht länger in einen dichten Körper zu inkarnieren, wird sich vor euch ein neuer Horizont der Arbeit auf einer anderen Ebene des Seins öffnen.

Aber jetzt seid ihr in eure Welt gekommen, um konkrete Taten auf der physischen Ebene zu vollbringen.

Das Erfordernis zu beten, bevor eine konkrete Arbeit ausgeführt wird, bleibt auch weiterhin bestehen, denn wenn ihr in einem betenden Zustand des Bewusstseins seid, könnt ihr euch harmonisieren und die vor euch liegende Aufgabe in der besten Weise erfüllen.

Und jetzt möchte ich noch auf den Punkt eingehen, der die Manifestation minderwertiger Gedanken betrifft, die ihr gegen andere richtet. Glaubt mir, dass jede eurer negativen Gedankenformen aus dem umgebenden Raum andere Gedankenformen anziehen kann, die gleichartige Schwingungen haben. Und ohne es selbst zu bemerken, geratet ihr in eine solch übelriechende Wolke aus minderwertigen menschlichen Erzeugnissen, dass ihr aufhört, die Wahrheit zu sehen und sie zu erkennen. Daher ist es das Beste für euch, euer Bewusstsein ständig auf die göttlichen Vorbilder und Modelle abgestimmt zu halten. Und viele Menschen, die keiner Lehre folgen und keine religiösen Praktiken ausüben, sondern sich in ihrem Leben nur von den göttlichen Normen und Grundsätzen leiten lassen, sind weitaus besser vorangekommen als viele, die glauben, dass sie große Erfolge auf dem Weg erreicht hätten, obwohl sie noch keinen einzigen Schritt in Richtung des göttlichen Gipfels unternommen haben.

Ich bitte euch, in aller Ruhe über diese Botschaft von mir nachzudenken. Und seid nicht vorschnell, das Gehörte im Zorn abzulehnen oder zu verurteilen. Denn es gibt einen Unterschied zwischen euch und mir, und es wäre gut für euch, einen kleinen Teil der Demut zu erlangen, die ich besitze.

ICH BIN euer Bruder Gautama.

Eine Lehre über das Buddha-Bewusstsein
9. Juli 2007

ICH BIN Gautama Buddha, und ich bin wieder zu euch gekommen.

Ich bin an diesem Tag zu euch gekommen, um über das Wichtigste in unserer Arbeit zu sprechen, die wir auf der Erde tun. Dieses Wichtigste hängt mit der Veränderung des Bewusstseins der Erdbewohner zusammen. Im Grunde genommen bleibt dieses Prinzip unserer Arbeit im Laufe von vielen Millionen Jahren unveränderlich.

Sobald ein Mensch in seinem Bewusstsein die Ebene des Buddhas erreicht, nimmt alles, was ihn im Leben umgibt, einen völlig anderen Sinn und eine andere Bedeutung an. Denn was für einen gewöhnlichen Menschen nur eine Reihe von Ereignissen und eine Veränderung von Gedanken- und Gefühlszuständen ist, ist für einen Buddha das Buch des Lebens, das er lesen kann, indem er Seite für Seite umblättert. Wenn ihr die Bewusstseinsebene eines Buddhas erreicht, vollzieht ihr in eurem Bewusstsein den Übergang zum nächsten Abschnitt der evolutionären Entwicklung.

Ich richte meine Botschaft nicht nur an Buddhisten oder nur an diejenigen, die an mich als den Herrn der Welt Gautama Buddha glauben. Ich richtemeine Botschaft an die ganze Menschheit, an jene Menschen, die in der Lage sind, sie zu verstehen, zu verinnerlichen und im Leben umzusetzen. Denn es ist wirklich nicht so wichtig, wie man die nächste Stufe in der Evolution eures Bewusstseins nennt. Wichtig ist, dass ihr mit möglichst wenigen Verlusten auf diese Stufe eurer evolutionären Entwicklung aufsteigt.

Ich habe mich dieses Jahr an euch gewandt[5], als die Erde einen weiteren kritischen Moment, einen weiteren Krisenpunkt erlebte. Von Zeit zu Zeit entstehen auf der Erde Situationen, die ein dringendes Eingreifen vieler Legionen des Lichtes erfordern. Und ich habe in diesem kritischen Moment um eure Hilfe gebeten, denn ihr müsst von einer Verantwortung für alles durchdrungen sein, was auf dem Planeten Erde geschieht.

Die Ebene des Buddha-Bewusstseins ermöglicht euch, in eurem Bewusstsein zu jener Ebene emporzusteigen, auf der keine Trennung nach Nationalität, Vermögen, Religion oder politischer Zugehörigkeit für euch von Bedeutung ist. Denn ihr erhebt euch über alle vom menschlichen Bewusstsein geschaffenen Trennungen, und ihr seid in der Lage, hinter der ganzen Vielfalt des Lebens nur die Einheit zu sehen.

In eurer Welt können sich Menschen, die den Zustand des Buddha-Bewusstseins erreicht haben, nicht lange in großen Menschenmengen aufhalten. Denn die Ebene des Buddha-Bewusstseins

---

[5] „Über die aktuelle Situation auf der Erde". Gautama Buddha, 7. März 2007.

bedeutet, allen menschlichen Individuen zu helfen, die Hilfe brauchen. Und sobald ein wahrer Buddha in eure Städte kommt, opfert er seine Bewusstseinsebene und alle erworbenen Errungenschaften, um sicherzustellen, dass den Bedürftigen geholfen wird. So viele in euren Städten brauchen unsere Hilfe. So viel Elend und Leid gibt es in eurer Welt. Und daher vollbringen Buddhas, die in eure Welt kommen, einen Akt der Selbstaufopferung, indem sie sich in euch auflösen, indem sie ihre vollkommenen Energien im Ozean des Menschenmeeres auflösen und dadurch das Bewusstsein der Menschheit erhöhen und den Menschen ermöglichen, die Existenz des höheren Gesetzes zu erkennen, das in diesem Universum wirksam ist.

Es gibt andere menschliche Individuen, die in eure Welt gekommen sind, um die Verbindung zwischen den Welten herzustellen. Um als Quelle des Lichtes für eure Welt zu dienen, als ein Leuchtfeuer, das inmitten der Unbilden und Wechselfälle des Lebens den Weg weist. Es gibt immer Menschen, die das Feuer in ihrem Herzen tragen und bereit sind, der Menschheit zu dienen. Und wenn ihr euch aufmerksam umschaut, so werdet ihr hinter gewöhnlichen menschlichen Erscheinungsformen die Bewusstseinsebene eines Buddhas erkennen können.

Ich bin heute gekommen, um euch verstehen zu helfen, dass euer Bewusstsein sehr veränderungsfähig ist, und im Laufe des Tages sind viele von euch in der Lage, sich in ihrem Bewusstsein zur Buddha-

Ebene aufzuschwingen. Wichtig ist nur, dass ihr diesen Bewusstseinszustand möglichst lange aufrechterhalten könnt. Dazu müsst ihr euch solche Lebensbedingungen schaffen, die euch erlauben, selbst wenn ihr aus dem Gleichgewicht geratet, so schnell wie möglich wieder zur Harmonie zurückzukehren. Viele von euch erleben sehr erhabene Zustände der inneren Harmonie und des Friedens. Es gibt nicht viele buddhistische Klöster, in denen Mönche in der Lage sind, solch erhabene Bewusstseinszustände zu erreichen. Jetzt müsst ihr diesen Zustand ausweiten und ihn zum vorherrschenden Zustand in eurem Leben machen. Ihr müsst erreichen, dass nichts, was in eurem Leben geschieht, euch aus dem Zustand der göttlichen Harmonie und des Friedens bringen kann. Ihr müsst solche Versuche einen nach dem anderen fortsetzen, denn inwieweit ihr wirklich in der Lage seid, einen Zustand des Friedens und der Harmonie in eurem Inneren aufrechtzuerhalten, davon wird es abhängen, wie vielen Menschen um euch herum ihr diesen Zustand der Harmonie, des Friedens und des Glücks vermitteln könnt. Und wie viele Menschen in der Lage sein werden, sich ständig in einem harmonischen Bewusstseinszustand zu befinden, davon wird die Situation auf dem ganzen Planeten abhängen. Alle Orkane, Kataklysmen und Naturkatastrophen sind nur eine Manifestation der Disharmonie im Bewusstsein der Menschheit insgesamt.

Ihr könnt nicht alle mit dem Buddha-Bewusstsein ausstatten, aber ihr könnt euren inneren harmonischen Zustand auf die Menschen in eurer Umgebung ausweiten. Eure Aura kann sich ausdehnen, und diejenigen, die ins Wirkungsfeld eurer Aura kommen, spüren diese Wirkung an sich. Vielen scheint es, dass sie aus dem gewohnten Bewusstseinszustand gebracht wurden, und sie werden versuchen, ihre Schwingungen zu senken, indem sie zu den universellen Mitteln zur Senkung der Schwingungen greifen: Alkohol, Nikotin, laute Musik mit falschem Rhythmus. Aber der Prozess, durch den höhere Schwingungen in eure Welt vordringen, wird zunehmen. Die Qualität des Bewusstseins der Individuen, die die Harmonie in großen Städten aufrechterhalten werden, wird zunehmen. Die Macht eures Bewusstseins auf der feinstofflichen Ebene wird den Widerstand ganzer Legionen von Kräften hervorrufen, die Mara[6] unterstützen, die die Illusion unterstützen. Vergesst aber nie, dass eure Stärke darin liegt, dass ihr euch nicht auf einen Kampf einlasst. Ihr treibt die negativen Energien dieser Welt durch die Macht der Liebe eurer Herzen aus, und mit der Macht eurer Liebe schmelzt ihr negative Energien in einen positiv ausgerichteten Vektor der Harmonie, des Friedens und der Liebe um.

Ihr müsst euch ständig eurer Verbindung mit vielen, vielen lichterfüllten Seelen auf dem Planeten

---

[6] Mara (Buddhismus): das Prinzip des Todes und des Unheils (d. Ü.).

bewusst sein. Zusammen bildet ihr ein Netz des Lichtes, das über den ganzen Planeten ausgebreitet ist. In jedem Land, in jeder Siedlung gibt es Menschen, die sich bereit erklärt haben, das Licht zu tragen, um den Weg für diejenigen zu erleuchten, die noch in der Finsternis wandern.

Das Buddha-Bewusstsein zu erlangen, ist nicht das Endziel eurer Verkörperung. Ihr solltet nicht nach persönlichen Errungenschaften streben. Ihr müsst euch bemühen, denen zu helfen, die eure Hilfe brauchen. Und wenn ein wahrer Buddha vor der Frage steht, sich weiterhin in Gott zu vervollkommnen, oder alle seine Errungenschaften zu opfern, damit die Menschheit ihre Evolution fortsetzen kann, wird ein wahrer Buddha alle seine Errungenschaften für die Fortsetzung der irdischen Evolutionen opfern. Die Fähigkeit, sich für das Gemeinwohl zu opfern, ist eine Eigenschaft aller Buddhas und Bodhisattwas der Vergangenheit und Gegenwart.

Ich wünsche euch viel Erfolg beim Erlangen des Bewusstseinszustands eines Buddhas.

ICH BIN Gautama Buddha, euer Bruder.

Eine Lehre über die Veränderung des Bewusstseins

1. Januar 2008

ICH BIN Gautama Buddha, ich bin an diesem Tag zu euch gekommen, um der Welt meine Botschaft zu geben.

„Möge es der Welt wohl ergehen", sagt ihr, und jeder von euch versteht diese Worte auf seine Weise. Doch die Zukunft der Welt hängt davon ab, inwieweit wir unsere Vorstellung von der Zukunft der Welt koordinieren können.

Und dann, wenn ihr Zeit findet, euch zurückzieht und in eurem Herzen ein Gebet sprecht, möchte ich, dass ihr in der richtigen Weise über die Zukunft eurer Welt nachdenkt.

Die Zukunft des Planeten Erde ist untrennbar mit dem spirituellen Fortschritt verbunden. Deshalb müsst ihr selbst alles, was euch an falsche, nicht-göttliche Manifestationen bindet, schonungslos entfernen. Ihr müsst in eurem Bewusstsein jede falsche, nicht-göttliche Tat bewerten, und erst danach werdet ihr in der Lage sein, nach den göttlichen Vorbildern und Manifestationen zu streben. Die Grenze zwischen den Welten verläuft in eurem Inneren. Und ihr selbst verschiebt diese Grenze in eurem Bewusstsein. Dies ist ein sehr feiner und heikler Prozess, und natürlich denkt die Mehrheit der Erdbevölkerung nicht darüber nach, wie die Umwandlung dieser Welt sich vollzieht und die Erde auf ein höheres Energieniveau übergeht. Aber diejenigen von euch, die unablässig unsere Botschaften lesen, die wir durch unsere Gesandte geben, beginnen wahrscheinlich zu ahnen, auf welche Weise sich die Veränderung der Welt vollzieht, und welchen Einfluss ihr konkret, ein jeder von euch, darauf ausüben könnt.

Glaubt nicht, dass ihr beachtliche Ergebnisse erzielt, wenn ihr intensiv darüber nachdenkt, wie die eine oder andere Naturkatastrophe besänftigt werden kann. Ihr erreicht weitaus größere Ergebnisse, wenn ihr den Sieg über euch selbst erringt, über den unwirklichen Teil eurer selbst, über euer Ego. Jeder dieser Siege, die ihr erringt, hat eine wesentlich größere Bedeutung als die Besänftigung des heftigsten Orkans. Denn ihr verändert euer Bewusstsein und geht demzufolge in einen anderen Schwingungsbereich über, und ihr werdet in der Lage sein, einen Einfluss auf alle auszuüben, die karmisch mit euch verbunden sind – eure Familienmitglieder, Bekannten, Kollegen. Ihr seid alle auf der feinstofflichen Ebene miteinander verbunden, und jeder eurer Siege wird zu einem gemeinsamen Sieg und breitet sich bis in die entlegensten Winkel der Erde aus.

Es gibt ein Informationsfeld – das kollektive Unbewusste der Menschheit. Und wenn ihr in eurem spirituellen Fortschreiten bestimmte Ergebnisse erzielt, werden diese Ergebnisse von den Menschen erkannt, die auf Frequenzen nahe eurer eigenen

Frequenzen schwingen. Und auf diese Weise werden eure Errungenschaften an sie weitergegeben.

Deshalb lehren wir euch, dass ihr euch nur um die Entwicklung eures eigenen Bewusstseins kümmern sollt. Deshalb sagen wir, dass jeder von euch nur einen Menschen erziehen muss - sich selbst.

Natürlich übertreibe ich ein wenig. Und es liegt in eurer Verantwortung, auf der physischen Ebene euer Wissen in zugänglicher Form an eure Kinder und Bekannten weiterzugeben. Doch nichts ist an Wirkungskraft mit den Errungenschaften zu vergleichen, die ihr auf der feinstofflichen Ebene manifestiert. Denn die feinstoffliche Ebene ist formbarer und leichter zu verändern als die physische Welt. Und die Veränderungen, die in der feinstofflichen Welt stattfinden und in eurer physischen Welt noch nicht sichtbar sind – gerade diese Veränderungen machen uns am meisten Sorgen und erregen unsere Aufmerksamkeit.

Wir beobachten aufmerksam eure spirituellen Fortschritte. Und jede eurer Errungenschaften ruft bei uns Freude und Begeisterung hervor. Es ist so ähnlich, wie wenn ihr euer Kind beobachtet, das endlich auf den Beinen steht und die ersten Schritte macht.

Wir beobachten eure ersten Schritte in die richtige Richtung. Und wir freuen uns über eure ersten Erfolge und Errungenschaften. Es gibt viele Seelen, die nur durch das regelmäßige Lesen unserer Botschaften, von der allerersten bis zur letzten, einen solch gewaltigen Sprung voran in ihrer Entwicklung gemacht haben, dass wir nicht aufhören, über ihre Errungenschaften zu staunen.

Ihr seid in der Lage zu lernen, und eure Errungenschaften in den letzten Jahren erfreuen uns immer wieder!

Deshalb bin ich heute am ersten Tag des neuen Jahres zu euch gekommen, um euch an die Arbeit zu erinnern, die niemand außer euch selbst tun wird. Nur ihr selbst könnt die Stufe in eurer Entwicklung erreichen, auf der ihr niemanden außerhalb von euch selbst braucht, keinen Ratgeber und keinen Lehrer, weil ihr euren Lehrer in eurem Herzen gefunden habt.

Und je mehr Zeit ihr allein mit euch selbst verbringt, mit eurem Lehrer, der in eurem Inneren wohnt, desto mehr seid ihr in der Lage, einen Einfluss auf die Menschen um euch auszuüben.

Denn die Menschen brauchen ein Beispiel, ein Vorbild auf der physischen Ebene, dem sie folgen und so ihr Bewusstsein, ihr Verhalten ändern können.

Jeder von euch kann mit der Zeit ein Lehrer für viele, viele verirrte Seelen werden. Geniert euch nicht, Kindern und Jugendlichen zu sagen, dass Alkohol, Nikotin, Rockmusik und andere Manifestationen eurer Welt ihre Seelen verkrüppeln. Junge Menschen sehen einfach nicht die richtigen Vorbilder vor sich. Der Einfluss, den ihr auf eure Mitmenschen haben könnt, sollte nicht unterschätzt werden. Und ein einziger Satz von euch in Gegenwart eurer Bekannten, die euch respektieren, „Ich trinke keinen Alkohol, und ich rauche nicht mehr", reicht aus, damit diese Menschen in ihrem Bewusstsein an der Richtigkeit ihres Handelns zu zweifeln beginnen, dem sie ihr ganzes Leben lang gefolgt sind.

Ihr selbst schafft die Stereotype in eurer Gesellschaft. Ändert die Verhaltensstereotype, bringt die göttlichen Vorbilder in euer Leben, und ihr werdet bereits in einigen Jahren die Ergebnisse sehen.

Jeder von euch muss danach streben, den richtigen Einfluss auf jeden Menschen auszuüben, dem er im Laufe des Tages begegnet. Vergesst nicht, dass vor allem eure Schwingungen eine Auswirkung auf der physischen Ebene haben, und erst dann eure Worte und euer Handeln.

Strebt nicht danach zu lehren; gebt die Lehre erst dann, wenn ihr eine Seele vor euch seht, die sich nach Spiritualität sehnt. Gebt ihr den Kelch mit kühlendem Wasser, stillt ihren Durst.

Zwingt aber niemals jemanden zum Trinken. Selbst vollkommen reines, heiliges Wasser nützt nichts, wenn ein Mensch keinen Durst verspürt und nicht trinken will.

Ich bin an diesem Tag zu euch gekommen. Schade, dass die Zeit für unser Gespräch abgelaufen ist.

**Bis zu weiteren Treffen,
ICH BIN Gautama.**

Eine Lehre über das Unterscheidungsvermögen

9. Januar 2008

ICH BIN Gautama Buddha, und ich bin an diesem Tag zu euch gekommen.

Der Zweck meines heutigen Besuchs ist es, eine kleine Lehre zu geben. Und wie immer werdet ihr selbst entscheiden, wie ihr mit dem umgeht, was ihr aus der geistigen Welt erhalten habt.

Die Wahl liegt immer bei euch, aber die Zeit für eure Wahl ist begrenzt.

Das heißt, ihr könnt in der Materie experimentieren und beliebige Schritte in alle möglichen Richtungen unternehmen, doch nur, solange die kosmische Möglichkeit nicht erschöpft ist.

Und jetzt werde ich zu dem übergehen, wozu ich gekommen bin. Also. Ihr alle beginnt früher oder später, über den Sinn eurer Existenz nachzudenken. Und wenn eure Experimente in der materiellen Welt für euer Bewusstsein nicht länger interessant sind, strebt ihr über die Grenzen des bereits Bekannten hinaus und beginnt eure Experimente in der Welt des Unbekannten.

In eurer physischen Welt gibt es viele Möglichkeiten zum Experimentieren, doch sehr viele beginnen ihre Experimente mit der feinstofflichen Welt. Und wenn ihr Interesse an der feinstofflichen

Welt zeigt, öffnet sich diese Welt vor euch auf die eine oder andere Weise.

Jedoch lauern hier verschiedene Gefahren auf eurem Weg. Tatsache ist, dass alles in der feinstofflichen Welt, genauso wie in der physischen Welt, dem Gesetz der Übereinstimmung unterworfen ist. Und wenn ihr versucht, in Kontakt mit der feinstofflichen Welt zu treten, aber kein reines Motiv habt, dann werdet ihr höchstwahrscheinlich mit jenen Vertretern der feinstofflichen Welt, und genauer gesagt der Astralebene, in Kontakt kommen, die sich dort aufhalten, weil sie sich dem Gesetz, das in diesem Universum gilt, nicht unterordnen wollen.

Die Astralebene unterscheidet sich in ihren Schwingungen nicht allzu sehr von der physischen Ebene, und die dichten Schichten der Astralebene werden von Wesen bewohnt, die sich dem göttlichen Gesetz nicht unterordnen wollen und nicht dem Weg der evolutionären Entwicklung folgen wollen.

Wenn ihr also mit solchen Wesenheiten in Kontakt kommt, werdet ihr keine großen Fortschritte in eurer spirituellen Entwicklung machen, und ihr könnt im Gegenteil sogar unter den Einfluss von Wesenheiten geraten, die euren Lebensstrom für ihre eigenen Zwecke ausnutzen werden.

Die meisten psychisch kranken Menschen sind von solchen Wesenheiten besessen. Manche von ihnen glauben, dass sie mit den Aufgestiegenen Meistern in Kontakt stünden, und sie mögen sogar

Botschaften empfangen und aufgestiegene Meister in ihren Visionen sehen. Dies werden jedoch nur Kontakte mit Bewohnern der Astralebene und Wesenheiten der Astralebene sein.

Um solche Misserfolge zu vermeiden, müsst ihr ernsthaft darüber nachdenken, wozu ihr den Kontakt mit der feinstofflichen Welt braucht. Und wenn ihr den Wunsch habt, Botschaften zu empfangen oder mit jemandem auf der feinstofflichen Ebene zu kommunizieren, dann seid ihr dazu verurteilt, Kontakt mit Wesenheiten zu bekommen, die ein Verlangen danach haben, Kontakt mit jemandem aufzunehmen, der auf der Erde verkörpert ist.

Deshalb haben wir viele Male die Lehre gegeben, dass beim Kontakt mit der feinstofflichen Welt Vorsicht geboten ist. Ihr müsst absolut rein in euren Absichten sein, ihr müsst eine bestimmte Reinheit eurer vier niederen Körper erlangen, ihr müsst euch nur nach einem sehnen – der Menschheit und allen Lebewesen zu dienen.

Wenn euer Motiv rein und eure Wünsche geläutert sind, werdet ihr früher oder später mit den Aufgestiegenen Meistern in Kontakt kommen. Doch möge dies möglichst spät geschehen, denn bevor ihr euch jemandem außerhalb von euch selbst zuwendet, braucht ihr den Kontakt zu eurem inneren Lehrer, zu eurem Höheren Selbst.

Früher, zur Zeit meiner Verkörperung auf der Erde, wagte es niemand, mit der feinstofflichen Welt in Kontakt zu treten, ohne einen verkörperten Lehrer an seiner Seite zu haben. Viele, die ernsthaft strebten, wanderten durch die Welt auf der Suche nach einem Lehrer, der sich ihres Unterrichts annahm. Und die Aufstrebenden waren bereit, die schwersten Arbeiten zu leisten und jahrelang ihrem Lehrer zu dienen in der Hoffnung, dass der Moment kommen wird, in dem der Lehrer ihnen seine Aufmerksamkeit zuwendet und die kostbare Lehre gibt.

Jetzt, in eurer Zeit, ist es für euch weitaus schwieriger, denn das ganze Informationsfeld ist voll von verschiedenen Lehren, Sekten und Gruppen, die allerlei lehren und ihre Anhänger irgendwohin führen.

Daher wird in eurer Zeit von euch verlangt, doppelt und dreifach vorsichtig zu sein. Und bevor ihr euer Gefäß, euer Bewusstsein für den Empfang von Wissen und Energien bereitstellt, welche in eurer Welt von manchen Menschen gegeben werden, die in ihren Gedanken und Handlungen nicht sehr rein sind, müsst ihr alles sorgfältig abwägen und erst dann mit Bedacht eine Entscheidung treffen und die Bedeutung der Lehre zu verstehen versuchen, die euch dargeboten wird.

Unter dem plausiblen Vorwand, dass sich die Zeiten geändert haben, wird euch von allen Seiten gesagt, dass die Lehre, die von den Aufgestiegenen Meistern gegeben wurde, veraltet sei und dass Guru-Chela-Beziehungen und der Weg der Einweihungen jetzt nicht mehr aktuell seien. Und euch werden zweifelhafte Lehren in hübscher moderner Verpackung angeboten als Ersatz für die Lehre oder sogar eine Verfälschung der Lehre, die wir der Menschheit seit Zehntausenden und Hunderttausenden von Jahren geben.

Nun, ihr habt die Möglichkeit zu wählen. Und jeder von euch erhält letztendlich das, wonach er strebt.

Unsere Aufgabe ist es, die Lehre weiterhin für diejenigen zu geben, die dem Weg der evolutionären Entwicklung folgen wollen, der ursprünglich für die Menschheit des Planeten Erde vorgesehen war. Wir stimmen unseren Kurs mit der Großen Zentralsonne ab. Und wir können keine wichtige Entscheidung ohne die Zustimmung auf der Großen Zentralsonne treffen, der unsere Hierarchie untersteht.

Wem untersteht die Wesenheit, die Botschaften durch euch oder eure Bekannten gibt? – Denkt darüber nach, ehe ihr vorschnell euer Bewusstsein mit dem Lesen einer Masse von unnötigen Botschaften und Mitteilungen aus der feinstofflichen Welt füllt.

Stützt euch auf die Lehre über das Unterscheidungsvermögen, die wir in unseren Botschaften geben. Und überdenkt es siebenmal, bevor ihr eure Verbindungen zu den Meistern der Weißen Bruderschaft abbrecht und euch darauf stürzt, Botschaften von Wesenheiten zu empfangen, die unsere Namen oder völlig unbekannte Namen verwenden.

Ich bin heute gekommen, um euch eine wichtige Lehre über das Unterscheidungsvermögen zu geben. Ich hoffe, dass meine Unterweisung für viele Menschen, die unsere Botschaften lesen, sehr zeitgemäß und nützlich ist.

Wie immer tut es mir leid, Abschied nehmen zu müssen.

ICH BIN Gautama Buddha.

Derzeit ist ein sehr schmaler Abschnitt auf dem Weg der Evolution

1. Januar 2009

ICH BIN Gautama Buddha.

Ich bin an diesem Tag gekommen, an dem es üblich ist, den Beginn des neuen Jahres zu feiern.

Es ist für mich schon zur Tradition geworden, an diesem Tag zu kommen.

Nun, ich werde beginnen.

Ihr merkt vermutlich, was mit jedem weiteren Jahr auf der Erde geschieht? – Bei all der Geschäftigkeit um euch herum kann man dennoch etwas Gemeinsames in dem erkennen, was geschieht. Es scheint, dass die Menschen verschiedene Dinge aus Gewohnheit tun, aber diese Dinge bringen nicht mehr die frühere Erfüllung, Zufriedenheit und Freude.

Alles bewegt sich aus Trägheit. Und der Moment wird kommen, in dem das alte Denken, die alte Lebensweise ihr Momentum der Bewegung erschöpft haben. Und die Welt wird erstaunt feststellen, dass etwas Neues begonnen hat.

Gerade jetzt ist der Moment, in dem ein neues Bewusstsein, eine neue Denkweise und eine neue Lebensweise geboren werden müssen. Und dies wird anfangs sehr ungewöhnlich und fremd erscheinen. Es wird einige Zeit vergehen, bis die

Merkmale der neuen Zeit immer mehr das Bewusstsein der Menschen einnehmen werden.

Jetzt fällt es euch schwer, dies zu glauben, aber es wird geschehen.

Es kann nicht anders sein. Und das Wichtigste, was entstehen muss, ist das Gemeinschaftsbewusstsein; nicht das Gemeinschaftsbewusstsein, bei dem jeder versucht, auf Kosten anderer zu leben, sondern das Gemeinschaftsbewusstsein, bei dem jeder versucht, allen anderen zu helfen. Und das ist es, wonach ihr streben solltet. Ihr müsst in euch selbst die Keime des neuen Bewusstseins wachsen lassen. Ihr müsst in euch selbst das Gefühl der Einheit mit allem Leben wachsen lassen. Es gibt nur sehr wenige unter euch, die schon jetzt das neue Bewusstsein sich aneignen können. Daher solltet ihr eure Anstrengungen vereinen.

Das Neue hat schon immer Widerstand und Ablehnung hervorgerufen. Eure Aufgabe ist es, alles zu tun, damit das Neue in dem Bestehenden einen Platz finden kann. Damit alte Muster allmählich durch die neuen ersetzt werden.

Dann können wir einen radikaleren Weg vermeiden.

Je mehr Menschen die Keime des neuen Bewusstseins in ihren Herzen entdecken, desto leichter wird es für die ganze Menschheit, auf eine neue Ebene aufzusteigen.

Ich verrate kein Geheimnis, wenn ich sage, dass es ein kollektives Unbewusstes der gesamten Menschheit gibt. Und wenn sich in diesem Unbewussten ein bestimmtes Momentum der Aggression, der Angst, des Wunsches ansammelt, auf Kosten seiner Mitmenschen zu leben, dann kommt es zu Krieg und Zerstörung.

Doch jetzt ist die Zeit gekommen, in der im kollektiven Unbewussten der Menschheit eine Ansammlung von positiver Energie erfolgt, die auf das Gute, das Gemeinwohl und die Liebe gerichtet ist.

Früher oder später beginnt sich das, was auf der feinstofflichen Ebene vorherrscht, auf der physischen Ebene zu präzipitieren.

Jetzt wird euer Bewusstseinszustand von vor zwölf Jahren auf der physischen Ebene präzipitiert. Ihr erntet die Früchte eurer Fehler und Irrtümer aus der Vergangenheit.

Jetzt fließt die Zeit schneller. Und was ihr derzeit in eurem Bewusstsein erschafft, wird in sieben Jahren auf der physischen Ebene zur Präzipitation kommen. Daher solltet ihr euer Bewusstsein auf der höchsten euch zugänglichen Ebene halten.

Es gibt Menschen, die sich den uns entgegengesetzten Kräften überlassen haben und sich von ihnen zerreißen ließen. Sie haben keine eigene Quelle der göttlichen Energie in ihrem

Inneren. Daher ist ihr Hauptziel, eure Energie zu erhalten. Ihr erkennt diese Menschen an den Früchten, die sie auf der physischen Ebene umgeben. Trotz des scheinbar wohlgestalteten Äußeren herrscht um sie eine spirituelle Wüste.

Daher solltet ihr sehr vorsichtig sein und die kostbare göttliche Energie, die dem Planeten so fehlt, nicht vergeuden.

Vergesst nicht, worauf eure Aufmerksamkeit gerichtet ist, dorthin fließt eure Energie. Daher bemüht euch, die Energie auf die Kultivierung der richtigen Vorbilder in eurer Welt zu lenken. Es wird nicht lange dauern, bis sich die Früchte auf der physischen Ebene des Planeten Erde manifestieren.

Ihr müsst jedes Erg der göttlichen Energie kontrollieren. Deshalb müsst ihr es zu eurer Priorität machen, jegliche nicht-göttlichen Manifestationen aus eurem Bewusstsein und aus eurer Umgebung zu entfernen. Dabei mag es sich um Bilder, Filme, Spiele oder Musik handeln, die falsche, nicht-göttliche Schwingungen enthalten. In eurem Leben, in den Einrichtungen, die ihr besucht, in Kindergärten, Schulen und Gesundheitseinrichtungen gibt es auch viele alte Stereotype, die auf der Angst und Unwissenheit der Menschen beruhen.

Zerstört die Götzen der Angst, der Unwissenheit und des Aberglaubens in euren Köpfen und Herzen, und der Planet wird von falschen Vorbildern gereinigt werden.

Es ist an der Zeit, dass ihr lernt, die Schwingungen in allem zu unterscheiden, was euch umgibt. Versucht, eurem Herzen zu vertrauen, und ihr werdet überrascht feststellen, dass euer Herz euch immer wieder Hinweise gibt. Und diese Hinweise sind für euch die beste Führung in eurem Leben.

Ihr solltet euch nicht von den Ratschlägen der Menschen um euch herum leiten lassen. Es ist an der Zeit, dass ihr die Antworten auf alle Fragen in eurem Inneren erhaltet.

Dieses Jahr ist entscheidend, und dieses Jahr ist ein Wendepunkt. Wie viele Menschen in der Lage sein werden, ihr Bewusstsein zu ändern und sich über die in der Gesellschaft gebildeten Stereotype zu erheben, und in welchem Ausmaß, davon wird es abhängen, wie die Entwicklung des Planeten im nächsten Jahr verlaufen wird. Wir rufen euch dazu auf, den Gebrauch der göttlichen Energie sorgfältig zu überwachen. Das unsichere Gleichgewicht, das wir mit solcher Mühe aufrechterhalten, kann durch eure unbedachten Handlungen gestört werden.

Manchmal ist es besser, nichts zu tun, als die Astralebene mit falschen Gedankenformen in Unruhe und Verwirrung zu versetzen. Denn die niederen Schichten der Astralebene sind sehr eng mit der physischen Ebene des Planeten Erde verbunden, und falsche Muster können buchstäblich morgen präzipitiert werden.

Darin liegt eine gewisse Schwierigkeit. Die vollkommenen Vorbilder aus den höheren Oktaven brauchen weitaus länger, um sich zu präzipitieren, als die unvollkommenen Muster aus der Astralebene.

Die feinstoffliche Welt lebt nach ihren eigenen Gesetzen. Und es ist unvernünftig, mit Spitzhacke und Schaufel in die verschiedenen Schichten der feinstofflichen Welt einzugreifen. Man muss wissen. Und man muss vorsichtig sein.

Noch nie hat Unwissenheit zu etwas Gutem geführt. Und ein Wilder am Computer ist nicht besser als ein Wilder im Dschungel. Je mehr Möglichkeiten in die Hände von Unwissenden fallen, desto schlimmer können die Folgen sein.

Daher lehren wir euch Vorsicht, Feinfühligkeit und Unterscheidungsvermögen. Derzeit ist ein schmaler Abschnitt auf dem Weg der Evolution. Er muss mit größter Vorsicht durchlaufen werden.

Vergesst nicht, dass jedes eurer Worte und jeder eurer Gedanken den Raum des Planeten Erde erschüttert.

ICH BIN Gautama Buddha,
der in der Welt des ICH BIN wohnt.

Eine Lehre über die Bewältigung von Konflikten

1. Juli 2009

ICH BIN Gautama Buddha, und ich bin erneut durch unsere Gesandte gekommen.

Mit Freude und großer Zufriedenheit betrachte ich die Gesichter vieler von euch, während ihr meine Botschaften lest. Eine besondere Verbindung wird geschaffen, wenn ihr im Einklang mit uns seid. Wenn eure Schwingungen sich während des Lesens unserer Botschaften erhöhen und ein Einklang entsteht, nähert sich die feinstoffliche Welt und tritt buchstäblich bei euch zur Tür herein.

Bewahrt ständig diesen Einklang, und viele Probleme, mit denen eure Gesellschaft konfrontiert wird, werden sich von selbst lösen.

Vertraut mir und meiner Erfahrung: Es ist alles eine Sache des Schwingungsniveaus, das die Menschheit aufrechterhalten kann.

Das Thema unseres heutigen Gesprächs wird sein, wie ein Verständnis zwischen Menschen erreicht werden kann, die unterschiedlichen Richtungen angehören. Dies betrifft nicht nur religiöse Richtungen, sondern auch Richtungen in der Politik, in verschiedenen Bereichen gesellschaftlicher Aktivität, in der Geschäftswelt.

Unter den Menschen herrschen sehr selten Ruhe und Frieden. In der Regel stoßen die

Interessen der Menschen aufeinander, und dies kann die Ursache für Konflikte und sogar Kriege sein. Wie kann man den Zustand des Konflikts und der Feindseligkeit überwinden, der eurer Welt innewohnt und in der heutigen Zeit eines ihrer charakteristischen Merkmale ist?

Nicht ohne Grund habe ich zu Beginn unseres heutigen Gesprächs von Schwingungen gesprochen. Alles in eurer Welt wird durch das Niveau der Schwingungen bestimmt. Und ein solcher Bereich wie die Beziehungen zwischen den Menschen wird ebenfalls durch das Niveau der Schwingungen bestimmt. Was für ein magisches Wort ist das, von dem Kriege und Konflikte und deren erfolgreiche Lösung abhängen?

Es ist sehr schwierig für mich, euch dieses Konzept mit den Begriffen zu erklären, die ihr verwendet und versteht.

Stellt euch einen Fisch vor, der ans Ufer gespült wurde. Er wurde aus seiner gewohnten Umgebung herausgerissen und erlebt einige der schwierigsten Momente seines Lebens. Jeder von euch, wenn er an einen Ort gerät, der nicht seinen eigenen Schwingungen entspricht, ist wie dieser ans Ufer gespülte Fisch.

Jeder Mensch ist ein komplexes System. Er besteht nicht nur aus einem physischen Körper, sondern auch aus einer feineren, aber immer noch materiellen Substanz. Alles wird durch die Entwicklungsebene des Bewusstseins eines

Menschen bestimmt. Und die Menschen unterscheiden sich voneinander sogar auf der Ebene der DNA, auf der Ebene der Gene und Chromosomen. Seid ihr mit diesen Begriffen vertraut?

Jeder Mensch trägt also eine bestimmte energetische Komponente in sich. Jeder Mensch verfügt über das eine oder andere innere Potenzial, das es ihm ermöglicht, die eine oder andere vorherrschende Frequenz zu haben, die ihm eigen ist.

Euer Körper kann beispielsweise die Grundfrequenz der Schwingungen erkennen. Ihr zieht diese oder jene Nahrung vor. Und eure Nahrung, die ihr mögt und esst, bestimmt zu einem gewissen Grad euer Schwingungsniveau. Wenn ihr beispielsweise Fleisch esst und generell nicht sehr wählerisch in Bezug auf eure Ernährung seid, kann man mit großer Gewissheit sagen, dass eure Schwingungen ziemlich niedrig sind. Das Niveau eurer Schwingungen wird nicht nur durch die Ernährung, sondern auch durch eure Umgebung, Kleidung und den Wohnort beeinflusst. Ihr lebt an diesem Ort eigentlich deswegen, weil eure Schwingungen mehr oder weniger diesem Ort entsprechen.

Jedoch können sich eure Schwingungen im Laufe eures Lebens sehr stark ändern. Und wenn ihr euch dazu entschließt, Vegetarier zu werden, und auf Zigaretten, Alkohol und falsche Musik verzichtet, dann beginnen sich eure Schwingungen zwar nicht sofort, aber doch allmählich zu verändern. Und ihr fühlt euch in eurem bisherigen Umkreis von Menschen nicht länger wohl. Es ist, als würdet ihr aus dem Kreis der Menschen verdrängt, mit denen ihr arbeitet. Alles ist eine Sache der Schwingungen. Ihr entsprecht nicht länger den durchschnittlichen Schwingungen von allem, was euch umgibt, und ihr seid gezwungen, euch eine andere Arbeit, ein anderes gesellschaftliches Umfeld zu suchen.

Der Unterschied in den Schwingungen ist die Ursache eines jeden Konflikts. Ihr mögt sagen, dass jedem Konflikt Karma zugrunde liegt. Aber euer Karma hängt mit eurem Schwingungsniveau zusammen. Und ein Mensch mit relativ hohen Schwingungen hat einen erheblichen Prozentsatz seines eigenen Karmas abgearbeitet. Aber es gibt den Begriff des Gruppenkarmas, des Familienkarmas, des Karmas eines Landes, des Karmas des Planeten. Und ihr könnt euch der Abarbeitung dieser Arten von Karma nicht entziehen. Und selbst wenn ein Mensch bestimmte Ergebnisse bei der Abarbeitung seines persönlichen Karmas erzielt hat, beginnt er aus dem allgemeinen Schwingungsumfeld „herauszufallen" – dadurch entstehen wiederum Konflikte.

Und sie sind in einem bestimmten Abschnitt der Entwicklung der Menschheit nicht zu vermeiden.

Der Unterschied in den Schwingungen auf unterbewusster Ebene lässt euch unfehlbar erkennen, wer euch den Schwingungen gemäß ähnlich ist, und wer anders ist. Und wenn eure Schwingungen höher als das durchschnittliche Niveau sind, so werdet ihr aus der Gesellschaft „hinausgedrängt", wie Wasser einen Ball an die Oberfläche drückt.

Konflikte in der Gesellschaft sind also unvermeidlich. Aber Konflikte sind in der Gesellschaft nur unvermeidlich, solange sich die Gesellschaft auf einem sehr niedrigen Schwingungsniveau befindet. Wenn sich die durchschnittlichen Schwingungen der menschlichen Gesellschaft erhöhen, werden Konfliktsituationen geglättet. Zuerst entsteht die Möglichkeit, Kriege durch Verhandlungen zu vermeiden, und dann werden die Konflikte selbst weniger negativ und zerstörerisch sein.

Die menschliche Gesellschaft hat keinen anderen Weg als den Weg, den die Aufgestiegenen Meister euch lehren. Ihr braucht eure Überzeugungen nicht mit Gewalt zu verteidigen. Es ist Zeit, auf eine andere Bewusstseinsebene überzugehen, auf der jeder Konflikt durch die innere Arbeit eines jeden Mitglieds der Gesellschaft an sich selbst gelöst werden kann.

Wenn keines der Mitglieder der Gesellschaft innere Probleme, negative Energien hat, die sich in der Aura eingenistet haben, kann kein äußerer Reiz und kein äußerer Feind sich euch auch nur nähern.

Ihr alle seid Kieselsteine, die am Ufer des Ozeans der göttlichen Weisheit liegen. Und die anrollenden Wellen, die wie immer neue kosmische Zyklen kommen, schleifen und glätten eure Auren. Und es werden noch einige weitere kosmische Zyklen vergehen, und eure Auren werden absolut wunderbare, zarte und klare Farben haben.

Alle Makel und alle Unvollkommenheiten können überwunden werden. Und es gibt einen Weg, die Probleme der menschlichen Gesellschaft zu lösen. Und dieser Weg liegt an der Oberfläche. Und nur die den Menschen innewohnende Faulheit und der Ungehorsam zwingen euch weiterhin zu leiden.

Es war mir eine Freude, diese Lehre über die Bewältigung von Konflikten zu geben.

ICH BIN Gautama Buddha.

Eine Lehre über die gegenwärtige Situation auf der Erde und über die Richtung eurer spirituellen Suche

13. Dezember 2009

ICH BIN Gautama Buddha

Ich bin durch unsere Gesandte gekommen, um ein Gespräch zu führen. Denn ich spüre, dass viele von euch das Bedürfnis nach einem Herzensgespräch haben.

Wenn der fleischliche Verstand verstummt, wenn die Gefühle zur Ruhe kommen, tritt ein Moment der Stille ein. Und in diesem Moment könnt ihr meine Gegenwart spüren und mich verstehen. Es gibt einen Unterschied zwischen unseren Welten. Und dieser Unterschied ist so bedeutend, dass der Aufenthalt in unserer Welt für euch nicht möglich ist.

Es gibt verschiedene Theorien in eurer Welt, die besagen, dass ihr einen Übergang vollziehen und in unserer Dimension erscheinen könntet, oder dass die Schwingungen eurer Ebene sehr stark ansteigen werden und ihr auf einem anderen Energieniveau existieren könntet.

Ich bin kein Befürworter solcher Theorien, und ich bin bereit zu erklären, warum es auf dem jetzigen Entwicklungsabschnitt der Menschheit nicht wünschenswert ist, irgendwelche abrupten Veränderungen vorzunehmen. Ich kann euch ein Beispiel aus eurem täglichen Leben geben. Stellt euch vor, ihr wäret ohne Fernseher, ohne Zeitungen, ohne Zeitschriften, ohne die Möglichkeit, Zeit in einer geselligen Runde bei einem Glas Bier oder einer Tasse Tee zu verbringen. Könnt ihr es euch ohne eure unmittelbare Umgebung, eure Verwandten, eure Nachbarn, eure Kollegen vorstellen?

Jetzt stellt euch vor, wenn all dies nicht existiert, was würdet ihr dann tun? Wie würdet ihr eure Zeit verbringen?

Das Alte kann nicht verschwinden, ohne durch etwas Neues ersetzt zu werden. Das ist offensichtlich. Und wenn ihr etwas aufgebt, so muss etwas anderes diesen Platz einnehmen.

Ihr müsst zuerst einen feineren Geschmack für die Dinge der feinstofflichen Welt entwickeln. Nicht für die Astralwelt und nicht für die Mentalwelt, sondern für die höheren Welten. Ihr müsst in Einklang mit diesen Welten kommen, ihren Frieden spüren. Die Harmonie. Ihr müsst euch in diesen Welten wohlfühlen. Anfangs werdet ihr nur für kurze Zeit hinter den Schleier schauen und ihn ein wenig lüften können. Ihr werdet Zustände empfinden können, die neu für euch sind und die nicht auf mentalen Überlegungen und Vorstellungen beruhen. Diese Zustände werden nicht auf einer Form oder auf euch vertrauten Vorstellungen beruhen. Und doch ist dies Existenz, Existenz auf einer höheren Ebene des Seins.

Ihr werdet in andere Bewusstseinszustände übergehen können, zunächst in euren Meditationen; und dann werdet ihr auch ohne zu meditieren in diesen Zuständen eures Bewusstseins bleiben können, während ihr eure gewöhnliche Arbeit verrichtet und häusliche Dingen tut.

Ihr werdet dies nicht in einem einzigen Leben lernen können. Viele von euch werden viele Verkörperungen brauchen, um die neuen Bewusstseinszustände zu meistern. Dies ist wirklich so.

Und wenn von einer schnellen Veränderung die Rede ist, dann ist das so ähnlich wie eine Revolution. Eine Revolution in eurem Bewusstsein. Und wie bei jeder Revolution sind in diesem Fall Opfer unvermeidlich. Und je niedriger das durchschnittliche Bewusstseinsniveau der Menschheit ist, desto mehr Opfer wird es geben.

Als Buddha habe ich ein sehr hohes Maß an Mitgefühl für die Menschheit. Und ich werde alles in meiner Macht Stehende tun, damit die Menschheit mit einer möglichst geringen Zahl von Opfern und Kataklysmen auf dem evolutionären Weg fortschreiten kann.

Ich bin wirklich bereit, mich selbst zu opfern, damit eure Entwicklung in einem natürlichen Tempo und ohne kritische Sprünge erfolgen kann. Deshalb werde ich auf der bevorstehenden Sitzung des karmischen Rates meinen Standpunkt darlegen. Und ich denke, dass die Höheren Kosmischen Räte dieses Universums ebenfalls meine Meinung in Betracht ziehen werden.

Es gibt ein kaum wahrnehmbares Gleichgewicht, welches es uns bereits seit mehreren Jahrhunderten aufrechtzuerhalten gelingt. Und jedes Mal, wenn die Situation auf dem Planeten außer Kontrolle gerät, gelingt es, sie in sichere Bahnen zu lenken. Bisher ist dies gelungen. Wir werden sehen, wie es jetzt sein wird. Eine völlig richtige Haltung ist es, wenn ihr bereit seid, eure Ruhe zu bewahren und im betenden Zustand des Bewusstseins zu verbleiben, selbst wenn die ganze Welt um euch herum zusammenzubrechen beginnt. Dies ist eine völlig richtige Haltung. Denn der Zustand des Bewusstseins, in dem ihr euch im Moment des Übergangs befindet, wenn ihr euren physischen Körper ablegt, bestimmt die Schwingungsebene, auf der ihr eure Evolution fortsetzt. Daher ist es äußerst wichtig, in den kritischsten Situationen, die nur möglich sind, die Ruhe zu bewahren.

Niemals wurden der nicht-aufgestiegenen Menschheit die Pläne mitgeteilt, die für ihre Entwicklung bestehen. Und wenn es Propheten gab, die die Wahrheit verkündeten, so war diese Wahrheit so verschlüsselt, dass sie auf zweierlei Weise verstanden werden konnte. Ebenso sage ich euch, dass weder genaue Daten noch vorgesehene Ereignisse mitgeteilt werden. Und alle, die exakte Fristen nennen und genaue Szenarien beschreiben, sind unaufrichtig.

Es gibt ein Element der Unvorhersehbarkeit in den Entwicklungswegen der menschlichen Zivilisation, aber bisher gelang es den Aufgestiegenen Lichtwesen immer, das Gleichgewicht zu wahren und die Menschheit am Rande des Abgrunds zurückzuhalten, in den sie manchmal mit solchem Eifer hinunterzustürzen versucht.

Übereilt nichts. Aus der Sicht der Höheren Meister dieses Universums liegt eine Ewigkeit vor euch. Und in welchem Maße es euch gelingt, in euren Leben diese Ewigkeit, ewigen Frieden und ewige Glückseligkeit zu spüren, dies wird die Wege der weiteren Entwicklung der Menschheit bestimmen.

Nie gab es große Errungenschaften des Geistes unter Menschenmengen. Alle heroischen Taten des Geistes wurden in der Stille, bei Kerzenlicht und im Gebet vollbracht. Ihr steigt in eurem Inneren auf. Auf der Leiter, die nach oben führt. Die Beispiele, die ihr aus der Geschichte kennt, sind nur der kleine Teil des Eisbergs, der über dem Wasser liegt. Und durch diese einzelnen Beispiele hat die Menschheit die Möglichkeit, ihren Kurs zu überprüfen.

Es gab nur einen Jesus. Doch seine heroische Tat des Geistes weist noch heute vielen Suchenden den Weg. Aber damit diese heroische Tat des Geistes vollbracht werden konnte, waren viele Jahre der Vorbereitung und die Erfahrung aus vielen vergangenen Verkörperungen erforderlich. So auch ihr: Sucht nicht außerhalb von euch selbst nach dem, was ihr für euer spirituelles Wachstum braucht. Sucht in eurem Inneren – dort ist eine Tür, die in die Ewigkeit führt.

Ich habe euch eine Lehre über die gegenwärtige Situation auf der Erde und über die Richtung eurer spirituellen Suche gegeben.

ICH BIN Gautama Buddha.

Nehmt die Gabe dieser Botschaft in euer Herz auf

2. Januar 2010

ICH BIN Gautama Buddha.

Heute bin ich gekommen, um in eurem Bewusstsein jene Wahrheiten zu bejahen, die euch, so hoffe ich, sowohl für eure Entwicklung als auch für euer tägliches Leben von Nutzen sein werden.

Wie lange schon geben wir unsere Botschaften. Und ich beobachte überrascht, dass sich sowohl auf der physischen Ebene als auch in eurem Bewusstsein sehr wenig ändert.

Und wisst ihr warum? – Weil die Illusion stark ist. Und sie ist so stark, dass all unser Wissen und unsere Lehren, wenn sie mit der Illusion eurer Welt in Berührung kommen, ins Hintertreffen geraten, und die Illusion gewinnt in eurem Bewusstsein die Oberhand.

Ihr könnt den Fokus der Wahrheit in eurem Inneren nicht verankern. Ihr könnt keinen Ankerpunkt finden, an dem ihr euch festhalten könnt und dabei in der Lage seid, in der Illusion zu handeln und euch von den höheren Prinzipien des Seins leiten zu lassen.

Ich stütze mich auf meine Erfahrung während der Verkörperung als Prinz Siddharta.

Ja, ich verbrachte viele Jahre damit, die Wahrheit zu finden. Ich erlangte Erleuchtung dank der Gnade Gottes, dank der höchsten Macht dieses Universums.

Ich erhielt die Gabe der Vision und die Gabe, die Realität von der Illusion zu unterscheiden. Ich erhielt Wissen, das jedem ermöglicht, meinem Weg zu folgen und ebenfalls Erleuchtung zu erlangen.

Dies geschah vor mehr als 2500 Jahren. Seht ihr viele erleuchtete Buddhas um euch herum?

Ja, ich weiß, dass Gott zu allen Zeiten die Erde nicht ohne seine Heiligen und Diener ließ. Dies waren jedoch nur wenige. Nur einzelne in einem Jahrhundert.

So war es nicht immer. Die Erde kannte bessere Zeiten.

Und jetzt, da ich die Bewusstseinsebene eines Aufgestiegenen Meisters habe, erkenne ich deutlich den Moment, als die Menschheit abzurutschen begann, verleitet durch die dunklen Manifestationen ihrer Natur.

Und jetzt, wo es scheint, dass der Fortschritt in allen Bereichen des menschlichen Lebens offensichtlich ist, ist nur ein Bereich davon unberührt geblieben – die Beziehung des Menschen zur höheren Welt.

In diesem Bereich ist nach wie vor alles überflutet von allerlei widersinnigen Manifestationen der menschlichen Fantasie. Und viele gewissenlose

Menschen haben es zu ihrem Beruf oder Hobby gemacht, viele Wahrheitssucher anzuleiten und zu manipulieren, und sie in ihre Netze zu ziehen und ihre Seelen im Grunde zu verderben.

Doch ohne in diesem Bereich Ordnung zu schaffen, ist es nicht möglich, die kosmischen Gesetze in allen anderen Bereichen in einer hochwertigen Weise zu manifestieren. Es gibt die wichtigste Sphäre menschlicher Aktivität – die höhere Sphäre. Alle übrigen Bereiche der menschlichen Aktivität hängen von ihr ab und sind ihr untergeordnet.

Dies ist das Gesetz, und so war es schon immer. Der Grad eures Glaubens, eurer Hingabe, die Reinheit eurer inneren Motive lenken daher alle Aspekte eures Lebens.

Und alle Massenmedien werden so lange von minderwertigen Mustern und unverhohlener Vulgarität überflutet sein, bis die Ordnung in diesem höchsten Bereich der menschlichen Aktivität wiederhergestellt ist – in dem Bereich der Beziehung zwischen Mensch und Gott, zwischen dem Menschen und den höheren Welten.

Es scheint euch, dass ich euch dazu auffordere, in die Tempel und Kirchen zu gehen und dort eure Rettung zu suchen. Tatsächlich ist der Glaube eine innere Eigenschaft und hängt nicht davon ab, wie viele Tempel ihr besucht habt.

Schon damals, in der Zeit meiner bekanntesten Verkörperung, verstand ich, dass es für die Menschen sehr schwierig ist, die Illusion um sie herum zu bewältigen. Und dies ohne jegliche Hilfe und Unterstützung zu tun, gelang nur wenigen Menschen im Laufe von Jahrhunderten.

Gerade das bewegte mich dazu, meine Erfahrungen mit anderen Menschen zu teilen. Dank der Gnade des Himmels und meiner königlichen Abstammung, und auch weil ich in Indien lebte, einem Land, in dem es gebräuchlich war, spirituelle Errungenschaften zu verehren, gewann ich sehr schnell an Beliebtheit. Und ich richtete meinen Einfluss darauf, meine Erfahrung mit einer möglichst großen Anzahl von Menschen zu teilen. Ich verstand, dass viele von ihnen nicht in der Lage waren, die Wahrheiten wahrzunehmen, die ich lehrte. Doch ich sah ihre Hingabe, ihr Streben, und ich verstand, dass sie vielleicht die Erleuchtung nicht in dieser Verkörperung erreichen könnten, aber die von ihnen erlangte Erfahrung nicht verloren gehen kann.

Sie bleibt in ihrem Kausalkörper, und wenn eine kosmische Möglichkeit es erlaubt, kann diese Erfahrung manifestiert werden.

Ich sage euch all dies in der Hoffnung, dass meine Schüler diese meine Botschaft lesen werden. An euch wende ich mich in erster Linie. Nehmt die Gabe dieser Botschaft in euer Herz auf. Lasst euer Herz diese Botschaft von mir empfangen. Und vielleicht könnt ihr euch an die Lehrzeit erinnern, als ich persönlich die Möglichkeit hatte, euch zu unterrichten. Ich mochte keine großen Versammlungen. Wenn eine große Anzahl von Menschen anwesend ist, ist es sehr schwierig, ihre Herzen zu erreichen. Denn ihre Auren sind dem Einfluss derer ausgesetzt, die in ihrer Nähe sitzen, und die Lehre wird durch viele Auren reflektiert. Das Resultat eines solchen Unterrichts ist schwer vorauszusagen.

Mir war es lieber, den Unterricht so unmerklich zu geben, dass der Schüler sich nicht einmal bewusst war, dass der Prozess des Unterrichtens stattfand. Ich lehrte am Beispiel alltäglicher Dinge. Und ich sprach immer darüber, wie man seine Energie richtig lenken kann, damit das Ergebnis einer jeden Handlung nicht nur auf der physischen Ebene Vollkommenheit manifestiert, sondern die Erfahrung dessen, was ein Mensch tut, ihm auch für immer in seinem höheren Körper bewahrt bleibt.

Diese Art des Unterrichtens ist weitaus effektiver. Und ich erzielte Ergebnisse, die alle Erwartungen übertrafen. Die einzige Bedingung war, dass die Schüler meine Anweisungen als die Anweisungen eines Lehrers wahrnahmen, der ihnen helfen will, und nicht als Forderungen und Vorwürfe.

Die Reaktion eines Menschen zu einem und demselben Hinweis bestimmte die Wirksamkeit des Unterrichts. Und wenn ein Mensch meine Hinweise mit Liebe und mit dem Wunsch annahm, sie in der bestmöglichen Weise umzusetzen, dann war es offen sichtbar, dass er sich vervollkommnete und aufblühte.

Jene aber, die öffentlich vorgaben, meine Hinweise anzunehmen, doch insgeheim in der Seele dachten, dass ich unrecht hätte, und dass man meinen Worten oder Hinweisen keine allzu große Bedeutung beimessen sollte, wurden nach einiger Zeit nervös, unausgeglichen und verließen meine Gemeinschaft. Ich hinderte sie nicht. Denn es ist nicht möglich, einem Menschen etwas beizubringen, wenn er selbst nicht lernen möchte.

Ich habe euch heute von einem Beispiel aus meinem irdischen Leben erzählt. Nur von einem Beispiel. Aber ihr werdet zustimmen, dass die meisten von euch darunter leiden, dass ihr der Lehre nicht folgen könnt, die euch das Leben gibt.

Jeder von euch hat das Leben als seinen Lehrer. Und wie ihr mit allen Problemen und Situationen umgeht, die in eurem Leben entstehen, kann euch auf dem Weg der Evolution entweder voranbringen oder weit zurückwerfen.

Und sehr viele Probleme in eurem Inneren könnten gelöst werden, wenn ihr den Ratschlägen folgen würdet, die ihr von einem wahren Lehrer auf der physischen Ebene erhaltet. Ich hoffe sehr, dass die goldene Zeit kommen wird, in der Verkörperungen der Meister von Shambala möglich werden. Und sie werden kommen können und euch direkt lehren.

Aber jetzt nutzen wir die Institution des Gesandtentums, damit ihr in eurem Leben einfach die Orientierung bewahren könnt. Für viele Menschen sind unsere Botschaften wie die Nadel eines Kompasses, die es ihnen ermöglicht, den Kurs ihres Lebens zu überprüfen. Nun, auch dies ist eine sehr wichtige Arbeit. Und viele Seelen haben die Möglichkeit, Orientierung im Leben zu erhalten.

Ich war an diesem Tag bei euch.
ICH BIN Gautama Buddha.

Eine Lehre über die Gemeinschaft

15. Januar 2010

ICH BIN Gautama Buddha.

Heute bin ich gekommen, um mit euch ausführlicher über ein Thema zu sprechen, das vielleicht nicht jeden interessieren wird, aber über das zu sprechen ich für notwendig halte.

Also. Ich bin heute gekommen, um einige Dinge über eure Vorstellungen von der Gemeinschaft und dem Aufbau der Gemeinschaft aufzuklären.

Wir haben dieses Thema in vielen Botschaften angesprochen. Und dennoch war dies keine sehr tiefgründige Lehre. Vielmehr versuchten wir einfach, eure Gedanken in diese Richtung zu lenken. Denn der nächste Abschnitt der evolutionären Entwicklung der Menschheit ist der Entwicklungsabschnitt der Gemeinschaft.

Aber der Begriff der Gemeinschaft selbst ist so verzerrt worden, dass man jedes Mal, wenn über dieses Thema gesprochen wird, die Begriffe und Termini sehr vorsichtig verwenden sollte, und überprüfen muss, wie diese Begriffe auf einer gewöhnlichen menschlichen Ebene wahrgenommen werden.

Wir haben bereits mehrmals darüber gesprochen, dass alles in eurer Welt von dualer Art ist, und was immer wir auch ansprechen, alles hat zwei Seiten.

Und je klarer wir das Bild von der Gemeinschaft eurem Bewusstsein vermitteln können, das die Aufgestiegenen Meister im Sinn haben, desto größer ist die Wahrscheinlichkeit, dass der Prozess der Veränderungen in der Gesellschaft in der richtigen Richtung verlaufen wird.

Bis heute ist die Menschheit im Bereich des Verständnisses der Gemeinschaft nicht über das Niveau hinausgekommen, das sie zur Zeit meiner Verkörperung als Gautama Buddha hatte. Gerade damals gelang es mir, auf der physischen Ebene jenes Bild der Gemeinschaft zu schaffen, das dem Verständnis der Meister so nahe kam, wie es zu jener Zeit nur möglich war. Doch jetzt sehe ich, dass dieses Bild weit von der Vollkommenheit entfernt war. Denn alles basierte auf der Verehrung von mir als Lehrer, und viele folgten meinen Anweisungen, ohne sich Gedanken zu machen, worum was es geht.

Natürlich erfolgte bei einer völligen, bedingungslosen und widerspruchslosen Unterordnung unter den Lehrer, der die Ebene des Buddha-Bewusstseins erreicht hat, das Fortschreiten all derer mit gigantischem Tempo, die der Gemeinschaft angehörten und aufrichtig die Anweisungen des Lehrers befolgten. Und viele von denen, die mich als Lehrer akzeptierten, erreichten in dieser oder in der nächsten Verkörperung eine Bewusstseinsebene, die der Bewusstseinsebene eines Buddhas nahekommt.

Dennoch gibt es in einer solchen Gemeinschaft einen Schwachpunkt. Wenn nämlich der Lehrer aus der Verkörperung geht, entspricht alles nach einiger Zeit nicht mehr einem hohen spirituellen Niveau. Die Menschen führen die gleichen Zeremonien durch, sie folgen den gleichen moralisch-ethischen Grundsätzen, doch weil das wichtigste Bindeglied fehlt, das die Gemeinschaft zusammenhielt, verlöscht mit der Zeit alles und fällt auf das durchschnittliche Niveau, das auf der Erde existiert.

Es gibt ein anderes Bild von Gemeinschaft, das die Menschen in Russland im 20. Jahrhundert hatten. Dies war auch eine Gemeinschaft, doch aus irgendeinem Grund verlieren die Menschen das Interesse, wenn von dieser Gemeinschaft die Rede ist. Denn das lichterfüllte Bild und der Traum der Menschheit wurde von Menschen umgesetzt, die sich ihrer Ebene nach in der gewöhnlichen materiellen Welt befanden und in gewöhnlichen Kategorien der physischen Welt dachten. Eine solche Gemeinschaft kann nur in dem Fall bestehen, wenn die Menschen durch äußere Umstände gezwungen sind, in einer solchen Gemeinschaft zu leben. Dabei kann es sich um Angst, Repression, die direkte Vernichtung Andersdenkender handeln.

Daher kann eine solche Gemeinschaft nichts mit der Gemeinschaft zu tun haben, von deren notwendiger Verwirklichung die Meister sprechen.

Was aber bleibt? Und wie kann der Plan der Meister für die Menschheit verwirklicht werden?

Ich kann sagen, dass es nicht möglich ist, eine Gemeinschaft auf Anweisung von oben aufzubauen, selbst wenn diese Anweisung von den Aufgestiegenen Meistern ausgeht. Gemeinschaft – das ist vor allem die Bewusstseinsebene der Menschen, die der Bewusstseinsebene der sechsten und siebten Wurzelrasse entspricht. Ich kann euch sagen, dass in der heutigen Zeit jene selbstlosen Individuen aus diesen Rassen, die die göttliche Möglichkeit für ihre Verkörperung erfleht haben, all ihre erarbeitete Erfahrung verloren haben und auf das durchschnittliche Niveau gesunken sind, das auf der Erde existiert.

Was ist also der Ausweg aus der entstandenen Situation?

Die Gemeinschaft kann nur aus Menschen bestehen, die die Ebene der Buddhas oder Christuswesen erreicht haben. Schaut euch um und seht, wer in eurer Umgebung bereits die Ebene eines Buddhas erreicht hat.

Wenn es solche Individuen gibt, so befinden sie sich in einer Entfernung von mindestens einem Tagesmarsch von jeder Siedlung. Denn in den Schwingungen eurer Siedlungen kann kein Buddha es länger als einige Stunden aushalten. Es ist ein großer Mythos, dass ein Mensch eine hohe spirituelle Stufe erreichen kann, während er an

Orten lebt, an denen gewöhnliche Menschen leben, die ohne spirituelle Verdienste sind.

Gerade deswegen haben wir von der Notwendigkeit gesprochen, unabhängige Siedlungen zu gründen, in denen die Bedingungen für die Ankunft von Individuen geschaffen werden, die der sechsten und siebten Wurzelrasse angehören – und sogar für die Verkörperung der Aufgestiegenen Meister.

Wir haben diesen Gedanken im Laufe aller Zyklen von Botschaften ganz klar zum Ausdruck gebracht, die wir durch unsere Gesandte gegeben haben. Und wir haben sogar einen erfolglosen Versuch unternommen, eine solche Siedlung in unmittelbarer Nähe des Ashrams unserer Gesandten zu gründen. Doch nun sehen wir deutlich, dass unsere Versuche gescheitert sind, weil sie auf heftigen Widerstand von Ortsansässigen und einzelnen Individuen trafen und keine Unterstützung seitens der Lichtträger erhielten, auf deren Unterstützung und direkte Teilnahme wir in unserem Projekt gezählt hatten.

Das Fenster der göttlichen Möglichkeit, eine Gemeinschaft auf der Grundlage des Ashrams unserer Gesandten zu gründen, hat sich geschlossen. Und nun sind wir gezwungen, den Unterricht von vor drei oder vier Jahren erneut zu erteilen, damit sich das Bewusstsein der Menschen zumindest ein wenig in die erforderliche Richtung ändern kann.

Ihr müsst erneut die Schulbank drücken und erneut mit dem Studium beginnen. Schämt euch nicht, es ist die übliche Situation, die für die Menschheit der Erde typisch ist. Und durch die Gnade des Himmels bleibt die physische Plattform immer noch bestehen, auf der die Pläne der Meister ausgeführt werden können.

Wir geben die Hoffnung nicht auf, dass sich früher oder später die Quantität der von euch gelesenen Botschaften in eine höhere Qualität eures Bewusstseins umwandelt und ihr imstande sein werdet, die Worte der Meister nicht als unterhaltsame Bettlektüre wahrzunehmen, sondern als direkte Anweisungen für euer Leben.

ICH BIN euer älterer Bruder Gautama.

Ein Gespräch über die Notwendigkeit, einige negative Charakterzüge zu überwinden

10. Juni 2010

ICH BIN Gautama Buddha.

Ich freue mich über unser erneutes Treffen! Heute möchte ich auf einige Aspekte eurer Psychologie eingehen, die euch bei eurem Fortschreiten auf dem spirituellen Weg als Hindernis im Wege stehen können. Und ich möchte insbesondere einen Abstecher in meiner Darlegung machen, der einige Besonderheiten der Psychologie des Verhaltens der Bewohner Russlands betrifft, da wir weiterhin auf eine mit diesem Land verbundene Zukunft rechnen möchten.

Es gibt also einige nationale Charakterzüge, die auf dem spirituellen Weg ein Hindernis sind. Dies ist gerade mit dem unwiderstehlichen Wunsch verbunden, jede erfolgreiche Initiative herabzuwürdigen. Es ist, als würde ein Dämon jedes Mal absichtlich alles durcheinanderbringen, wenn etwas Lichterfülltes geschieht. Sogleich erscheinen Menschen, die gerne dieses Lichterfüllte beschmutzen und besudeln. Und dies findet man überall auf der Welt, nicht nur in Russland. Wisst ihr, wovon ich rede? – Lasst uns ein konkretes Beispiel aus dem Leben geben. Angenommen, einer eurer Bekannten oder Nachbarn befasst sich mit einer Arbeit, die für die Gesellschaft von Bedeutung ist.

Sagen wir, er richtet das Gelände her, pflanzt Bäume, stellt Bänke auf. Glaubt ihr, dass dieses Handeln allgemeine Zustimmung hervorrufen wird? – Keineswegs. Es wird sofort Menschen geben, die still und heimlich die Pflänzlinge dem Erdboden gleichmachen und die Bänke beschädigen.

Der Grund für dieses Handeln liegt in den karmischen Energien, die in der Aura vorhanden sind und abgearbeitet werden müssen. Gerade diese Energien dienten als unterbewusste Provokateure für viele russische Aufstände und Revolutionen. Und diese Energien sind so tief im kollektiven Unbewussten der Nation verwurzelt, dass diese karmische Verflechtung nur von allen gemeinsam entwirrt werden kann.

Und jetzt, da erneut eine Differenzierung stattfindet, eine Spaltung der Gesellschaft in Besitzende und Besitzlose, beginnt diese Energie sich erneut zu erheben. Und obwohl keine Aufstände zu sehen sind, ist dennoch der Vorfall mit den Setzlingen und Parkbänken sehr bezeichnend. Und er zeigt, dass die nicht abgearbeiteten Energien der Nation ihr zerstörerisches Wirken fortsetzen. Zum größten Teil jetzt auf der Ebene der Gedanken und Gefühle. Die Aufgabe besteht darin, diese negativen Energien zu überwinden.

Ich werde noch ein Beispiel aus dem Leben anführen. Euer Nachbar hat ein neues Auto gekauft oder seine Wohnung renoviert. In 90% der Fälle wird die Reaktion negativ sein. Ihr werdet Neid oder andere negative Gefühle empfinden.

Und gerade euer Groll und euer Neid stehen zwischen euch und der wunderbaren Zukunft, von der die Meister sprechen – die mangelnde Bereitschaft, die Situation zu akzeptieren, und der Wunsch, alle Keime des Positiven und des Lichtes zu zertrampeln. Wo immer sie sich manifestieren mögen. Ihr werdet niemals glücklich sein und in Fülle leben, solange ihr diese negativen Energien nicht überwinden könnt. Dies ist eine der wichtigsten Lehren, die ich in meiner Verkörperung als Gautama Buddha gab. Ihr müsst lernen, euch über die Errungenschaften anderer Menschen zu freuen. Ihr müsst euch aufrichtig über ihre Errungenschaften freuen. Dann werdet ihr die Tugenden erlangen können, die diesen Menschen innewohnen, die trotz des Widerstands der Illusion schöpferisch tätig sind. Und eine rechtschaffene Tat, die in den Herzen von zehn Menschen eine positive Resonanz findet, wird zehnfach vermehrt.

In eurem Fall aber macht ihr durch eure Reaktion die schönsten Impulse der Seelen der Menschen zunichte. Und der häufigste Satz in diesem Fall wird sein: „Was geht Dich das an? Hältst Du Dich für etwas Besseres?"

Aber der Satz, der über eure Lippen kommen sollte, ist muss wie folgt sein: „Ich danke Dir für Deine Bemühungen, die auf das Gute gerichtet sind".

Bei vielen Menschen weigert sich die Zunge, einfach diesen Satz auszusprechen. Jetzt müsst ihr beinahe physisch die Energie spüren, die in euch ist und die vor allem euer eigenes Fortschreiten auf dem Weg behindert.

Es gibt noch eine andere Seite dieser negativen Eigenschaft, in der sich die Menschen verstricken und die die besten lichterfüllten Bestrebungen behindert. Nämlich der Wunsch, unkontrolliert Geld auszugeben, wenn ihr es zu erhalten beginnt. Ihr verprasst Geld für die unvorstellbarsten Dinge und Vergnügen. Geld ist das Äquivalent der göttlichen Energie in eurer Welt. Und diejenigen Menschen, die Geldenergie zu ihrer Verfügung erhalten, durchlaufen einen großen Test der vernünftigen Verwendung dieser Energie. Und wenn ihr auch nur einen Augenblick darüber nachdenken würdet, was für ein Karma ihr verursacht, indem ihr sinnlos Geldenergie verschwendet, und dass dieses Karma unfehlbar als Armut, Elend und Entbehrung zu euch zurückkehren wird - wenn nicht in dieser Verkörperung, dann in der nächsten -, so wäret ihr vielleicht vorsichtiger im Umgang mit der göttlichen Energie im Allgemeinen, und insbesondere auch im Umgang mit der Geldenergie.

Wenn ihr nicht geneigt seid, an Reinkarnation zu glauben, und euch um zukünftige Verkörperungen.

wenig Sorgen macht, so denkt an eure Kinder und Enkelkinder, die einen Teil eures Karmas der zügellosen Verschwendungssucht auf sich nehmen und bereits in diesem Leben leiden, belastet mit verschiedenen Beschwerden und Anhaftungen und Bindungen.

Wenn ihr Geldmittel zu eurer Verfügung erhalten habt, so bedeutet das nicht, dass ihr sie für Vergnügen und Unterhaltung ausgeben sollt. Gott gibt euch die Möglichkeit, sinnvoll über euer Geld zu verfügen. Nur in diesem Fall gleicht ihr Karma aus und befreit euch von Karma, das in früheren Verkörperungen verursacht wurde. Das heißt, ihr müsst Geldenergie gerade für das Gemeinwohl einsetzen. Denn die Versuchung des Geldes kann man nur durch seinen sinnvollen Gebrauch überwinden. In diesem Fall wird altes Karma abgearbeitet und kein neues geschaffen.

Lasst uns noch einmal zu den Menschen zurückkehren, die Neid und andere negative Eigenschaften empfinden, wenn sie den Wohlstand anderer sehen. Für euch wird die Beseitigung des Hindernisses, das zwischen dem gegenwärtigen Moment und einem Leben in Fülle liegt, die Überwindung eurer negativen Energien bedeuten – die Demut vor der Situation, die entstanden ist, und die Fähigkeit, sich über die Errungenschaften und Leistungen anderer zu freuen.

Ich verstehe sehr gut, dass es leichter ist, diese Ratschläge zu geben, als sie zu befolgen. Jedoch diktiert die Unvermeidlichkeit der Abarbeitung eures Karmas aus der Vergangenheit bestimmte Bedingungen, die ihr einhalten müsst, damit ihr aus dem karmischen Sturzflug herauskommen könnt. Andernfalls wird das geschehen, was geschieht, wenn die Unvernunft die Oberhand gewinnt: Ihr führt unausweichlich den nächsten Kataklysmus herbei und arbeitet so auf eine beschleunigte Weise Karma ab.

Wir lehren euch einen einfacheren und sichereren Weg. Doch aus irgendeinem Grund könnt ihr diesen Weg nicht akzeptieren. Und einige Charakterzüge in eurem Inneren könnt ihr selbst unter der Bedrohung durch einen globalen Kataklysmus nicht überwinden. Es scheint euch, dass ihr zumindest in dieser Verkörperung nicht in Gefahr seid.

Ich würde euch raten, den Rahmen eurer Wahrnehmung zu erweitern und in eurem Bewusstsein über die Grenzen einer einzigen Verkörperung hinauszugehen. Dann wird es euch leichter fallen, ausgewogene Entscheidungen zu treffen, altes Karma abzuarbeiten und kein neues zu schaffen.

Ich würde mich freuen, wenn unser heutiges Gespräch für die Entwicklung eurer Seelen nützlich sein wird.

ICH BIN Gautama Buddha.

Eine traditionelle Botschaft zum Jahresbeginn

1. Januar 2011

ICH BIN Gautama Buddha.

Ich bin an diesem Tag gekommen, um noch einmal über das Wichtigste zu sprechen. Über das, was auf dem Planeten Erde geschieht, und über das, was den Planeten erwartet.

Wir haben viele Male darüber gesprochen, dass sich die Schwingungen des Planeten erhöhen.

Die Erhöhung der Schwingungen ist ein notwendiger Prozess. Und dieser Prozess wird von den höchsten Verwaltungsorganen dieses Universums geplant.

Leider ist das scheinbar gute Ereignis, das mit der Erhöhung der Schwingungen einhergeht, für gewöhnliche menschliche Individuen, die sich in der Verkörperung befinden, kein sehr angenehmes und freudiges Ereignis.

Die Erhöhung der Schwingungen auf dem Planeten wirkt sich auf alle eure Körper aus.

Euer physischer Körper und eure feinstofflichen Körper geraten in einen für sie untypischen Schwingungsbereich. Wenn ihr euch in den Schwingungen befindet, die euch eigen sind, erlebt ihr einen Zustand des Wohlbefindens. Wenn ihr in ein Niveau geratet, das eurem eigenen nicht entspricht, beginnt ihr euch unwohl zu fühlen. Dies kann sich als Krankheit eures physischen Körpers manifestieren oder als verschiedene negative psychische Zustände: ein Gefühl der Angst, Aggression, Depression, ein Unwille zu leben.

Negative Zustände des Bewusstseins können zu Massenunruhen und zu technogenen Katastrophen unterschiedlichen Ausmaßes führen. Weil sich eure technokratische Zivilisation zu sehr auf verschiedene Arten von Technik stützt, die von den Mitarbeitern, die sie bedienen, qualitativ hochwertige Arbeit erfordert. Daher tritt jetzt der gesamte Planet, insbesondere jene Regionen, in denen eine hochentwickelte Zivilisation existiert, in eine Zone erhöhten Risikos ein.

Negative Zustände des menschlichen Bewusstseins führen nicht nur zu technogenen Kataklysmen, sondern auch zu Naturkataklysmen. Ihr wisst, dass in den letzten hundert Jahren die Zahl verschiedener Naturkatastrophen, Vulkanausbrüche, Erdbeben, Tsunamis um ein Vielfaches zugenommen hat. Und dies ist eine Folge der Spannung auf der Astralebene, die durch euren Bewusstseinszustand verursacht wird.

Deshalb kommen wir immer wieder, und wir geben Anweisungen und warnen euch, dass ihr die Sicherheitsregeln befolgen müsst, damit das Leben auf dem Planeten Erde fortgesetzt werden kann.

Wir bitten euch, den Einfluss des Massenbewusstseins auf euch und eure Kinder zu begrenzen. Dies betrifft die Einschränkung beim Sehen und Hören von Fernsehprogrammen, Radioprogrammen und qualitativ minderwertiger Musik. Wir bitten euch ebenso, den Verzehr von fleischlicher Nahrung zu begrenzen, auf Alkohol, Drogen und Nikotin zu verzichten, keine Computerspiele mit aggressiven Inhalten zu spielen.

Dies sind sehr einfache Anforderungen. Und ich werde erklären, warum es notwendig ist, sie zu erfüllen. All die Dinge, die ich aufgezählt habe, tragen dazu bei, eure Schwingungen zu senken. Und infolgedessen werdet ihr dazu gezwungen sein, in Dissonanz zum allgemeinen Schwingungshintergrund der Erde zu stehen, der sich Jahr um Jahr erhöht. Während ihr daher in früheren Zeiten all diese Dinge tun konntet, werden sie jetzt gefährlich für euch. Und mit jedem Jahr immer gefährlicher.

Viele Menschen versuchen, einen komfortablen Zustand zu erreichen, indem sie die Dosis von Alkohol oder Nikotin erhöhen, neue Arten sogenannter „Musik" einsetzen, aber ihr treibt euch selbst immer tiefer in negative Bewusstseinszustände.

Wir bieten euch einfache Rezepte. Wir raten euch, alle euch zur Verfügung stehenden Mittel einzusetzen, um euer Bewusstsein auf einer möglichst hohen Ebene zu halten. Dann werdet ihr den Schwingungen gemäß mit dem Schwingungshintergrund des Planeten übereinstimmen und imstande sein, euch auf dem evolutionären Entwicklungsweg zu halten.

Leider können große Städte mit ihrer Konzentration des Massenbewusstseins nicht mit dem Tempo mithalten, mit dem sich das Schwingungsniveau des Planeten erhöht. In großen Städten zu leben, wird mit der Zeit sehr gefährlich werden. Und wir haben in unseren Botschaften auch von der Notwendigkeit gesprochen, in Harmonie mit der Natur zu leben.

Es werden noch einige Jahre vergehen, und ihr werdet nach unseren Botschaften suchen wie nach

Großmutters Rezepten für einen Neujahrskuchen, und ihr werdet versuchen, das zu befolgen, worum wir euch bitten.

Aber genauso, wie die Zutaten nicht länger verkauft werden, die die Großmutter für den Kuchen verwendet hat, an dessen Geschmack ihr euch aus der Kindheit erinnert, werden auch diese Rezepte von uns möglicherweise bereits in einigen Jahren nicht mehr nützlich sein.

So wie die Waren in den Geschäften die gleichen Namen wie früher tragen, aber nicht mehr die gleichen sind, sondern künstliche Surrogate darstellen, so ist auch die geistige Nahrung, die euch eure Massenmedien anbieten, keine geistige Nahrung, sondern ein Surrogat, das ihr aus Gewohnheit konsumiert, ohne wirklich damit zufrieden zu sein.

Die bestehende Zivilisation ist in eine Sackgasse geraten. Und der einzige Ausweg aus der Sackgasse ist, den Kopf zu heben und gen Himmel zu streben – zu Gott. Ihr müsst bewusst die Wahl treffen und entscheiden, was in eurem Leben das Wichtigste ist – ihr selbst mit all euren fleischlichen Wünschen oder Gott.

Ihr müsst versuchen, diese Frage bis zum Ende des Jahres zu beantworten.

Wir geben unsere Botschaften in der Hoffnung, dass wenigsten einige Hundert oder einige Dutzend Menschen in der Lage sein werden, aus der Illusion der umgebenden Welt zu erwachen und auch andere aufzuwecken.

Der Kampf geht um jede einzelne Seele läuft. Und jeder von euch, der unsere Botschaften liest, liegt uns am Herzen. Für euch sind wir bereit, vieles zu tun, aber ihr müsst den ersten Schritt tun und uns um Hilfe bitten.

Erst wenn ihr erkennt, dass ihr auf einem falschen Weg geht und uns um Hilfe bittet, werden wir einen geistigen Führer schicken, der euch auf den Weg des Lichtes bringt.

Solange ihr zweifelt und denkt, dass wir euch nur grausige Geschichten erzählen, können wir euch nicht die Hilfe erweisen, die ihr wirklich braucht.

Ich bin mit der traditionellen Botschaft zu Beginn des Jahres gekommen, und ich habe euch alle notwendigen Empfehlungen gegeben.

ICH BIN Gautama Buddha.

Ich rufe euch zu einer Reise in die reale Welt

22. Juni 2011

ICH BIN Gautama Buddha.

Ich bin an einem dieser Tage der Sommersonnenwende gekommen, an denen die Natur selbst und die Position der Planeten die Übermittlung unserer Botschaften begünstigen. Und auf welche Hindernisse wir auch in den Köpfen der Menschen treffen mögen, wir wenden uns vor allem an ihre Herzen. An den Teil eures Wesens, der sich an seinen göttlichen Ursprung erinnert und danach strebt, aus der Gefangenschaft der Illusion in die Weite des ewigen Seins auszubrechen.

Es ist unmöglich für euch, weiterhin dem Weg zu folgen, den die Menschheit gemäß ihrem Willen in den letzten Jahrzehnten zu gehen versucht hat. Eure Existenz in der physischen Welt ist wie ein Aufenthalt im Gefängnis. Und dies ist wirklich ein Gefängnis für den Geist. Und die einzige Freiheit, die ihr habt, ist die Freiheit, gegen den Willen Gottes zu verstoßen. Und alles, was ihr in eurem Leben Tag für Tag tut, ist nur ein Verstoß gegen das göttliche Gesetz.

Gott ist so barmherzig, mitfühlend und geduldig, dass er euch erlaubt, das Gesetz zu verletzen. Jedoch ist eine Grenze festgesetzt worden, ein Korridor, über dessen Grenzen ihr nicht hinaustreten könnt. Jetzt befindet ihr euch an der Grenze dieses Korridors der göttlichen Möglichkeit, die euch gewährt wird.

Die Zeit ist gekommen, in der ihr die Tatsache erkennen müsst, dass ohne göttliche Führung, ohne Befolgung des göttlichen Gesetzes die weitere Existenz der Menschheit nicht möglich ist. Und jeder Mensch entscheidet selbst, was er bevorzugt. Und wenn er darauf besteht, und hartnäckig darauf besteht, in der illusorischen Welt zu bleiben, wenn er so sehr durch die Ketten vieler tausender Jahre von Entscheidungen an die ihn umgebende Illusion gefesselt ist, dass er sich nicht mehr weiterentwickeln will, so wird Gott ihm seinen Wunsch gewähren. Ohne zu sehr ins Detail zu gehen, möchte ich nur sagen, dass die Seele dieses Menschen ihre Evolution fortsetzen kann, aber in niedrigeren Welten und auf einem niedrigeren Energieniveau.

Euch jedoch, die ihr überdrüssig seid, euch in der Gefangenschaft der Illusion zu befinden, rufe ich auf, weiterhin dem Weg der Evolution zu folgen, zu den himmlischen Gipfeln des göttlichen Bewusstseins.

Ihr müsst zu Kanälen des göttlichen Bewusstseins in die dichten Welten werden. Und als Erstes lege ich euch nahe, dass ihr zu Kanälen des göttlichen Bewusstseins in eure dichte Welt werdet. Das ist sehr einfach. Ihr müsst euch für Gott entscheiden und dieser Entscheidung Tag für Tag folgen. Ihr müsst die Wünsche aufgeben, die euch an die illusorische Welt binden.

Gemäß dem Gesetz verursacht jeder Wunsch und jede Bindung Karma, das sich als Leid manifestiert. Daher wird diese physische Welt die Welt des Leidens genannt.

Ursachen erzeugen Wirkungen. Entfernt die Ursachen aus eurem Leben, und ihr werdet keine Wirkungen erfahren.

Das Gesetz muss erfüllt werden. Und der einzige Weg, dem Rad des Samsara, der Reihe von Wiederverkörperungen zu entkommen, besteht darin aufzuhören, Ursachen für Gut und Böse zu schaffen. Dies bedeutet, Herr seines eigenen Schicksals zu werden. Dies bedeutet, Gott zu werden, ein Gottmensch, und zur nächsten Stufe der evolutionären Entwicklung überzugehen.

Das ist jetzt ganz einfach. Ungeachtet der offensichtlichen Raserei der Illusion wird euch vom Himmel eine vielfach verstärkte Hilfe gewährt, den Weg der evolutionären Entwicklung zu beschreiten. Wenn die Situation in der euch umgebenden Welt immer weniger kontrollierbar wird und wenn viele Dinge, die bis zur Absurdität getrieben werden, einer immer größeren Anzahl von Menschen ins Auge fallen, wird es offensichtlich, dass es einen anderen Weg für die Entwicklung der Menschheit geben muss. Und dieser Weg ist bereit, er wartet auf euch. Dieser Weg befindet sich im Inneren eures Wesens.

Indem ihr euch selbst, eure Wünsche, eure Unvollkommenheiten überwindet, befreit ihr euch von der Illusion und dem Karma der Vergangenheit. Ihr geht den Weg zurück in die Welt, aus der eure Seelen einst ihre Reise durch die illusorische Welt begannen.

Für euch, in erster Linie, geben wir unsere Botschaften. Und auf euch ist das ganze Momentum meiner Errungenschaften gerichtet. Ich bin bereit, jedem, der am Anfang des Weges steht, Hilfe zu erweisen, und ihn in seinem weiteren Fortschreiten zu führen. Dazu ist nur wenig erforderlich - nur eine Manifestation eures freien Willens und euer Streben.

Ohne Disziplin und Streben ist es nicht möglich, jene Abschnitte des Weges zu überwinden, die mit dem schwierigen Aufstieg zum Gipfel des göttlichen Bewusstseins verbunden sind.

Wenn ihr einen Berg besteigt, überwindet ihr euch selbst, ihr überwindet den Schmerz in Beinen und Gelenken. Ihr erlebt eine kolossale Anspannung all eurer Kräfte. Beim Aufstieg auf den Gipfel des göttlichen Bewusstseins werdet ihr ebenso eine Anspannung all eurer Kräfte erfahren. Ihr müsst die Anziehungskraft der Illusion überwinden. Dazu müsst ihr euer ganzes Leben einem Ziel unterordnen – dem Auszug aus der Welt der Illusion, hin zu einer neuen Ebene des Bewusstseins.

Der Aufstieg auf den Gipfel des Berges ist beschwerlich, aber er wird von Erholungspausen an Rastplätzen begleitet, und manchmal eröffnet sich von einem Bergplateau, auf dem ihr euch ausruht, ein absolut atemberaubender Blick auf das darunterliegende Tal und die Gipfel der benachbarten Berge. Und bei eurem Aufstieg zum Gipfel des göttlichen Bewusstseins wird es viele Momente geben, in denen ihr eine innere Erhebung und Inspiration erlebt. Aber ihr müsst euch immer an das Ziel eurer Reise erinnern. Ihr müsst euch ständig daran erinnern, dass ihr weiter gehen müsst. Sonst bleibt ihr in eurer Entwicklung stehen.

Die Illusion wird immer feiner werden. Und auf jedem Abschnitt des Weges müsst ihr den Wahn der Illusion aufgeben und zur Realität aufstreben. Darin liegt die Schwierigkeit. Und diejenigen, die nach feineren Vergnügungen und Genüssen streben, fallen in die Netze der Astralebene und bleiben dort für viele lange Verkörperungen.

Deshalb müssen sich eure Bestrebungen über jede illusorische Ebene erheben, über jedes faszinierende Bild der Astralebene.

Als Kompass und Karte wird euch die Schwingung eures Herzens dienen, das Streben zu den unvergänglichen, erhabeneren Welten.

Bleibt daher auf eurem Weg nicht stehen. Setzt euer Wesen mutiger den Winden der Veränderung und des Wandels aus. Fürchtet euch vor nichts! Eure Ängste werden sich zusammen mit der Dämmerung eures menschlichen Bewusstseins auflösen, wenn ihr in die Sonne eures Höheren Selbst hinaustretet.

Beschreitet den Weg mit größerem Mut! Ich rufe euch zu einer Reise in die reale Welt. Und dies ist die wichtigste Aufgabe, zu der ihr den ganzen Weg Millionen von Jahren lang in der illusorischen Welt zurückgelegt habt.

Ich bin Gautama Buddha,
ich bin gekommen, um euren Glauben und
euer Streben zu stärken.

Botschaft zum Jahresbeginn

1. Januar 2012

ICH BIN Gautama Buddha. Ich bin an diesem Tag zu euch gekommen.

Ich freue mich, dass ich die Möglichkeit habe, euch zum Jahresbeginn meine Botschaft zu geben.

Nicht einmal deswegen, weil dieses Jahr ein besonderes ist, sondern weil es schon zur Tradition geworden ist, dass ich meine Botschaften zu Beginn des Jahres gebe.

Wie ihr spüren könnt, haben sich jetzt die Energien in der euch umgebenden Realität verändert. Und neue Energien sind bereit, Erneuerung in eure Welt zu bringen. Und als Herr der Welt bin ich verpflichtet, euch mitzuteilen, dass ihr in einen entscheidenden Abschnitt der evolutionären Entwicklung eintretet. Die Zeit ist gekommen, in der es von jeder eurer Entscheidungen abhängen wird, wie gefahrlos sich die Menschheit entwickeln und auf den Stufen der evolutionären Entwicklung fortschreiten wird. Und in diesem Sinne ist das kommende Jahr sehr bedeutsam und eröffnet einen neuen Raum. Den Raum der Zukunft.

Im diesem Moment werfe ich einen Blick auf die feinstoffliche Ebene des Planeten Erde. Nicht alle Regionen des Planeten zeigen, dass sie für die bevorstehenden Veränderungen bereit sind. Doch ich stelle mit Zufriedenheit fest, dass das Bewusstsein sehr vieler Menschen begonnen hat, sich zum Besseren zu verändern: hin zu einer Sorge für die sie umgebende Welt, zu einem größeren Bestreben für das Wohlergehen aller Lebewesen.

Das Verständnis der globalen Veränderungen, die auf dem Planeten stattfinden, beginnt in das Bewusstsein der besten Vertreter der Menschheit vorzudringen und durch diese Vertreter auch in den Köpfen des fortgeschrittenen Teils der Gesellschaft die Oberhand zu gewinnen.

Es beginnt eine Zeit, in der die Konzentration auf die eigenen engen persönlichen Interessen im Widerspruch zum Gebot der Zeit steht. Es beginnt eine Zeit, in der nur das kollektive Bewusstsein die Möglichkeit zur weiteren Entwicklung haben wird - ein Bewusstsein, das auf die Fürsorge für die Nächsten, das Gemeinwohl für den Planeten und für jedes Lebewesen auf dem Planeten ausgerichtet ist.

Und in Zukunft wird dieser Wandel im Bewusstsein der Menschheit unweigerlich den wichtigsten Platz einnehmen. Gerade das Bewusstsein, das sich darauf konzentriert, für den Nächsten zu sorgen, allen Lebewesen zu helfen, die auf dem Planeten existieren, wird die Möglichkeit haben, seine Evolution fortzusetzen.

Deshalb ist ein entscheidender Abschnitt eurer Evolution angebrochen - der Evolution von Wesenheiten, die den Planeten Erde bewohnen und für den Planeten Erde verantwortlich sind.

Jeder eurer nächsten Schritte, jede eurer weiteren Entscheidungen, zu denen ihr euch entschließt, wird euch entweder auf dem Weg der Evolution voranbringen, oder in die Hinterhöfe der Geschichte zurückdrängen. Und diese Wahl werdet ihr selbst treffen. Selbstständig, jeder von euch.

Ja, wir kommen, wir warnen, wir geben die Lehre, aber gemäß eurem freien Willen habt ihr die Möglichkeit, auf unsere Worte zu hören oder nicht. Unseren Empfehlungen zu folgen oder euch von euren vergänglichen Wünschen und Bestrebungen leiten zu lassen.

Alles ist sehr einfach, Geliebte. Wenn ihr euren Blickwinkel erweitert, wenn ihr euch in eurem Bewusstsein auf eine bestimmte Ebene erhebt, habt ihr die Möglichkeit, die göttliche Vision der Perspektiven für die Entwicklung der Menschheit zu erlangen.

Wenn ihr euch in dunkle Ecken eures Bewusstseins verkriecht und nicht ans Licht herauskommen wollt aus den bequemen Felsspalten und gewohnten staubigen und muffigen Orten, wohin ihr euch aus Angst vor den kommenden Veränderungen verkrochen habt, dann verengt sich euer Horizont, und außer dem vorherrschenden Gefühl der Angst seid ihr nicht in der Lage, irgendwelche Gefühle zu empfinden.

Es ist alles eine Sache eurer Wahl, Geliebte, die ihr in eurem Bewusstsein trefft. Ihr könnt euer Leben dem Dienst an den Evolutionen des Planeten Erde widmen, und die Horizonte des göttlichen Bewusstseins werden sich vor euch eröffnen. Oder ihr könnt euer Leben dem Dienst an eurem Ego und der Befriedigung seiner unersättlichen Wünsche widmen. Und in diesem Fall reduziert sich für euch die ganze Welt auf eure kleine Welt, die ihr euch selbst geschaffen habt.

In der zukünftigen Welt gibt es keinen Platz für ein Bewusstsein, das auf sich selbst und die Launen seines Egos konzentriert ist. Nur für jene Bewusstseine, die in der Lage sind, den Bereich ihrer Aufmerksamkeit auf göttliche Horizonte zu erweitern, nur für diese Bewusstseine öffnet sich der Weg zur Evolution. Genau das ist jetzt die Situation in der Welt.

Einst sprach der geliebte Jesus über die Zeit der Trennung von Spreu und Weizen. Und jetzt sage ich euch erneut, dass der Moment gekommen ist, in dem jeder von euch seine Wahl treffen muss – dem Weg der Evolution zu folgen oder ein klägliches Dasein in den Hinterhöfen der Geschichte zu fristen.

Jeder von euch wird diese Wahl treffen müssen, weil die Zeit gekommen ist und weil der neue Raum nur denen offensteht, die die Wahl zugunsten des evolutionären Weges der Entwicklung getroffen haben.

Es ist alles ganz einfach. Und die Wahl ist ganz einfach. Ihr wählt Gott, oder ihr wählt euer sterbliches Bewusstsein, euer Ego.

Was ihr bevorzugt, bei dem werdet ihr letztendlich bleiben. Wenn ihr bei eurem nicht-realen, sterblichen Teil bleiben wollt, wenn ihr euch mit eurem Körper identifiziert habt und an ihn gebunden seid, so werdet ihr an euren sterblichen Körper gebunden bleiben und den Tod ernten.

Wenn ihr euch in eurem menschlichen Bewusstsein zur göttlichen Stufe erheben könnt, so wird euer Lohn die Unsterblichkeit und das ewige Leben sein.

Ihr selbst bestimmt den weiteren Weg durch eure Wahl.

Ich kann euch nur die Richtung der Bewegung aufzeigen. Aber ich kann nicht an eurer Stelle gehen.

Somit war heute das Ziel meines Kommens, die Menschheit noch einmal an die bevorstehenden Fristen zu erinnern.

Und ich möchte euch ebenfalls die Gewissheit geben, dass jede eurer Bewegungen, selbst eine Bewegung eures Denkens, in Richtung des evolutionären Weges eine beispiellose Unterstützung des Himmels erhalten wird.

Wir sind uns bewusst, wie schwierig es ist, die Illusion zu überwinden, die jetzt in voller Blüte ist. Daher wird jedes Aufstreben zu den höheren Welten von allen Aufgestiegenen Lichtwesen um ein Vielfaches verstärkt und unterstützt.

Ihr habt also nichts zu befürchten. Fürsorgliche Hände werden euch auf den schwierigsten Abschnitten des Weges auffangen. Schaut nur zu uns auf, den Meistern der Weisheit, bittet nur um unsere Hilfe, und die Hilfe wird kommen!

ICH BIN Gautama Buddha.

Ändert euch selbst, seid zielstrebig, und ihr werdet das goldene Gewand eines Buddhas und den Schatz der göttlichen Weisheit erlangen

21. Juni 2013

ICH BIN Gautama Buddha. Ich bin wieder gekommen.

Ich bin aus fernen Welten gekommen. Und ich möchte euch ein Teilchen meiner Gegenwart geben.

Stellt euch vor, dass ihr gerade mit mir von der großen Zentralsonne zurückgekehrt seid. Die Entfernung hat in der spirituellen Welt keine Bedeutung. Ihr unternehmt grandiose Wanderung in Raum und Zeit. Und dazu braucht ihr keine eurer Apparate, Maschinen, Flugzeuge…

Der gesamte Mechanismus für die Wanderungen in ferne Welten ist im Inneren eures eigenen Wesens verborgen. Und diejenigen von euch, die fleißig und zielstrebig sind, können ihren physischen Körper verlassen und mit mir durch das ganze Universum reisen. Dafür braucht ihr eine bestimmte Stufe spiritueller Errungenschaften. Und diese Stufe könnt ihr alle erreichen.

Ich werde euch ein Geheimnis enthüllen, wie dies in einer einzigen Verkörperung erreicht werden kann. Und dies wird der Weg sein, den ich während meiner Verkörperung als Gautama Buddha lehrte.

Als Erstes müsst ihr die Richtung eurer Bewegung wählen. Solange ihr nicht genau entschieden habt, in welche Richtung ihr gehen möchtet, werdet ihr nichts erreichen können. Euer Wesen muss sich wie ein Segelschiff dem Wind des Gesetzes des Universums aussetzen. Ihr müsst endgültig und unwiderruflich den Entschluss fassen und in diesem Entschluss sicher sein, dass das Wichtigste für euch das höchste Gesetz dieses Universums ist. Mit anderen Worten kann dieses Gesetz Gott genannt werden. Und wenn ihr euch selbst gegenüber nicht unehrlich seid, wenn ihr wirklich aufrichtig das Höchste Gesetz dieses Universums als das herrschende Gesetz in eurem Leben akzeptiert habt, dann werdet ihr den nächsten Schritt und alle weiteren Schritte in die richtige Richtung tun.

Ihr müsst entscheiden, wer in eurem Leben das Wichtigste ist – ihr oder Gott. Solange ihr Gott bittet, dass er eure Wünsche erfüllen möge, solange ihr Gott bittet, dies oder jenes für euch zu tun, werdet ihr auf dem spirituellen Weg nicht vorankommen.

Ihr müsst im Inneren eures Wesens den Entschluss fassen und euer ganzes Leben vorbehaltlos Gott und der Erfüllung Seiner Bedürfnisse und Anforderungen unterordnen.

Wie sehr ihr euch auch bemüht, diese Bedingung zu erfüllen, ihr werdet dies nicht sofort, nicht mit einem Mal tun können. Millionen von Jahren der Evolution auf dem Planeten Erde, in der dichten physischen Welt, haben einen undurchdringlichen Schleier zwischen eurer physischen Welt und der göttlichen Welt geschaffen. Daher wird es eine gewisse Zeit und Anstrengung erfordern, um die illusorische Schöpfung in eurem Bewusstsein zu überwinden. Es wird eine gewisse Zeit brauchen, um die Grenzen der physischen Welt zu verlassen und zu fernen Welten aufzustreben.

Wenn ihr aber nur einen kleinen Schritt in die richtige Richtung tut und euer Streben und eure Hingabe an das kosmische Gesetz für eine gewisse Zeit aufrechterhaltet (in der Regel erfordert dies nicht nur eine Verkörperung, sondern mindestens sieben irdische Verkörperungen), dann werdet ihr die höheren Welten ebenso unausweichlich erreichen, wie ihr den Gipfel des Mount Everest erreichen werdet, wenn ihr euch unablässig darauf zubewegt und alle Anstrengungen dafür unternehmt.

Eure Welt ist gerade dafür vorgesehen, dass ihr den Widerstand der illusorischen Welt überwinden und dadurch die Verdienste erlangen könnt, die für die Existenz in den höheren Welten notwendig sind.

Daher kommen wir immer wieder und geben unsere Lehre gerade deshalb, damit ihr die Orientierung behaltet und euch an die göttliche Welt erinnert.

Es ist nicht wichtig, wie oft ihr euch von eurem Weg abwendet. Es ist nicht wichtig, wie oft ihr hinfallt. Das Wichtigste ist, dass ihr immer zu uns zurückkehrt, aufsteht und weitergeht.

Manchmal irrt ein Mensch viele, viele Verkörperungen lang durch die physische Welt. Er findet unsere Lehre, dann verführt ihn die Illusion, und er findet andere Lehren, die ihm genauso richtig und wahr erscheinen. Und manchmal sind Dutzende von Verkörperungen erforderlich, damit ein Mensch jenen Grad an Unterscheidungsvermögen erlangt, der es ihm ermöglicht, unfehlbar zu bestimmen, was wahr und was falsch ist.

Für diejenigen von euch, die in sich noch nicht ein ausreichendes Maß an Unterscheidungsvermögen entwickelt haben, senden wir unsere Boten, die in der Lage sind, die Richtung der Bewegung beizubehalten und verlorenen Seelen den Weg zu zeigen. Und an der Art, wie ihr euch gegenüber unseren Boten verhaltet und sie behandelt, bestimmen wir den Grad der Bereitschaft eurer Seele. Manchmal sind Dutzende von Verkörperungen erforderlich, bis sich die Umstände herausbilden und ihr euch unseren Gesandten nähert. Für euren Lebensstrom ist dies eine große Gnade und eine riesige Chance. Aber ihr werdet überrascht sein, wenn ich euch sage, dass diese göttliche Möglichkeit von nicht mehr als einem Prozent derjenigen genutzt wird, die auf dem Weg voranstreben. Alle anderen Individuen schließen sich selbst von der göttlichen Möglichkeit aus und bevorzugen es, auf eigene Gefahr und eigenes Risiko zu handeln.

Erscheint euch ein solches Verhalten unvernünftig? – Es ist jedoch ein sehr weit verbreitetes Beispiel in eurer Welt. Und wisst ihr, warum dies geschieht? – Ich werde es euch sagen. Es geschieht aus dem einfachen Grund, dass der Mensch aus der Position seines fleischlichen Verstandes heraus handelt. Die Stimme des Höheren Selbst wird in diesem Fall durch die Stimme des fleischlichen Verstandes ersetzt, und der Mensch zieht es vor, unabhängig zu handeln und seinen eigenen Weg zu gehen.

Aber wenn auch nur ein einziger Mensch dank unserer Gesandten aus der Finsternis der Illusion herauskommt, betrachten wir unsere Mission als erfolgreich.

Und das ist der Grund, warum wir eine Mission des Lichtes nach der anderen in eure Welt schicken. Das ist der Grund, warum wir ständig den Fokus des Lichtes in der physischen Oktave im Inneren unserer Gesandten aufrechterhalten. Mitgefühl ist die wichtigste Eigenschaft aller Buddhas und Bodhisattwas. Und gerade durch Mitgefühl und Liebe für die Menschheit der Erde bewahren wir ständig unseren Fokus des Lichtes in der physischen Oktave.

Diese Lehre wurde euch viele Male gegeben. Und heute wiederhole ich sie.

Wenn ihr euren Geist ständig auf unsere Welt gerichtet haltet, wenn euer Motiv absolut rein ist, so werdet ihr unsere Boten in der physischen Welt immer erkennen und ihnen folgen.

Wenn ihr nach wie vor von persönlichen Motiven getrieben werdet, so werdet ihr unsere Gesandten selbst dann nicht erkennen können, wenn ihr ihnen direkt gegenübersteht.

Das Gesetz der Übereinstimmung von Schwingungen funktioniert einwandfrei. Und bevor ihr Gott oder den Meistern die Schuld dafür gebt, dass sie sich weigern, euch Hilfe zukommen zu lassen, und dass sie nicht barmherzig zu euch sind, so versucht, die Gründe für eine jede Situation, in die ihr geraten seid, in euch selbst zu finden.

Alles in dieser Welt manifestiert sich von innen nach außen. So ist das Gesetz. Und die Illusion wendet euch gehorsam jene Seite zu, die ihr von ihr erwartet.

Zwei Menschen, die ein und denselben Weg gehen, werden unterschiedliche Dinge sehen und ihre Aufmerksamkeit auf unterschiedliche Dinge richten. Und wenn ihr ein Buddha seid, werdet ihr so durch das Leben gehen, dass kein Schmutz an eurem goldenen Gewand haften bleibt.

Wenn ihr aber mit vielen Mängeln belastet seid, so werdet ihr, wie ideal der Ort auch sein mag, an dem ihr euch befindet, um euch herum nur Mängel und Schmutz sehen.

Ich bin an diesem Tag zu euch gekommen, um eure Aufmerksamkeit ein weiteres Mal auf die inneren Ursachen all dessen zu lenken, was mit euch in der physischen Welt geschieht. Ändert euch selbst, seid zielstrebig, und ihr werdet das goldene Gewand eines Buddhas und den Schatz der göttlichen Weisheit erlangen.

ICH BIN Gautama Buddha.

Die wichtigsten und dringendsten Bestimmungen der Lehre für den gegenwärtigen Zeitpunkt

24. Juni 2014

ICH BIN Gautama Buddha.

Ich bin wieder gekommen, weil ich nicht anders kann, als in dieser schwierigen Zeit für die Menschheit zu kommen.

Es ist meine Pflicht, Hilfe zu erweisen. Und eine Art der Hilfe, die wir Aufgestiegenen Lichtwesen der Menschheit erweisen können, sind unsere Unterweisungen und unser Unterricht.

Wie immer werde ich versuchen, in einer kurzen Botschaft die wichtigsten und dringendsten Bestimmungen unserer Lehre für den gegenwärtigen Zeitpunkt wiederzugeben.

Also, ihr alle wisst, und jeder von euch kann es in seinem eigenen Leben spüren, dass ihr eine sehr kritische Zeit durchlebt.

Tatsächlich trifft das kollektive Bewusstsein der Menschheit eine Wahl darüber, welchen Weg die weitere Entwicklung der Menschheit nehmen wird.

Entweder ihr wählt durch eure eigenen Versuche und Irrtümer dennoch den göttlichen Weg der Entwicklung, nennen wir ihn den evolutionären Weg.

Oder ihr weist den vom Schöpfer dieses Universums für die Menschheit vorbestimmten Weg zurück. In diesem Fall erwartet euch ein allmählicher Verfall und Niedergang.

In allen Bereichen des menschlichen Lebens gibt es zwei grundlegende Ansätze – den göttlichen und den nicht-göttlichen.

Alle Entscheidungen, die ihr im Laufe des Tages trefft, lassen sich in göttliche und nicht-göttliche unterteilen.

Man kann sich leicht vorstellen, wie die euch umgebende physische Welt sehr schnell und qualitativ verändert werden könnte, wenn die Mehrheit der verkörperten Individuen jeden Tag nur göttliche Entscheidungen treffen würde.

Weil aber die Menschheit nicht allzu oft über das göttliche Gesetz nachdenkt, wird es sehr schwierig und sogar fast unmöglich, im Einklang mit diesem Gesetz zu handeln.

In früheren Zeiten gab es immer Institutionen, die die Menschen an die Existenz der höheren Realität erinnerten. Meistens war es die Institution der Kirche, die Priesterschaft und die Geistlichen.

Doch allmählich verloren diese Institutionen ihre Bestimmung, und in ihrem Inneren kam es zu einer Trennung zwischen denen, die Gott folgen, und denen, die den entgegengesetzten Kräften dienen.

Für Menschen, die in ihrem Leben weit von religiösen Wahrheiten entfernt sind, wird es immer schwieriger nachzuvollziehen, welcher Kirchenvertreter welche innere Haltung einnimmt.

Genauso ist es auch in allen anderen Bereichen des menschlichen Lebens.

Es gibt Menschen, die das Licht in sich tragen, und alle ihre Entscheidungen werden vom Licht der Wahrheit erleuchtet; und es gibt Menschen, die Vertreter der Mächte der Finsternis sind. Und diese Menschen handeln genau in entgegengesetzter Weise.

Da es in jedem Bereich des menschlichen Lebens Menschen gibt, die sich zu der einen oder anderen Sichtweise bekennen, herrscht in den Tiefen der Gesellschaft ein ständiger Kampf zwischen Licht und Finsternis, zwischen dem Göttlichen und dem Nicht-Göttlichen.

Und da die Menschheit im Allgemeinen nicht oft über die ewigen Fragen von Gut und Böse, Licht und Finsternis nachdenkt, versteht ein Mensch, der nur seine kleinlichen, persönlichen Interessen kennt, immer weniger, was wirklich in der Welt vor sich geht.

In eurer Welt findet ein Kampf zwischen den Mächten des Lichtes und den Mächten der Finsternis statt. Und der Ausgang dieses Kampfes wird darüber entscheiden, welchen Weg die Menschheit in den kommenden Jahrzehnten einschlagen wird.

Abhängig von der kollektiven Wahl der Menschheit wird in naher Zukunft entweder eine scharfe Wende hin zu Fülle, Aufblühen und Gedeihen erfolgen, und die moralisch-sittlichen Grundsätze und der Glauben an Gott werden wieder zum Leben erweckt werden, oder es wird im Gegenteil zu einem völligen Verfall und Niedergang kommen, der alle Bereiche des menschlichen Lebens erfasst.

In dieser Situation gibt es keine Möglichkeit, eine neutrale Position einzunehmen. Ihr könnt nicht wie ein Strauß den Kopf in den Sand stecken und auf bessere Zeiten warten.

Wenn nicht jedes Mitglied der Gesellschaft beginnt, aktiv zu handeln, werden nie bessere Zeiten kommen.

Es gibt sowohl eine Wahrscheinlichkeit für einen günstigen Verlauf der Entwicklung der Menschheitsgeschichte, als auch für einen ungünstigen.

Und ich sage euch, dass es auf der Erdkugel nicht viele Menschen gibt, die eindeutig gegen Gott gerichtete Ansichten haben und diese auch strikt befolgen.

Doch genauso gibt es nur wenige Menschen, die offen auf der Seite Gottes stehen und unerschütterlich das Licht verteidigen.

Der Rest der Menschheit, 99 Prozent der Menschheit, fällt unter den Einfluss der Mächte des Lichtes oder der Mächte der Finsternis.

Dies geschieht, ohne dass ihr euch dessen bewusst seid.

Ihr habt die Nachrichten im Fernsehen gesehen, ihr habt eine negative Situation gesehen, dann lasst ihr eine emotionale Reaktion zu, und euer fleischlicher Verstand wird in die Diskussion dieser negativen Situation hineingezogen. Danach möchtet ihr möglicherweise diese Situation mit euren Freunden, Nachbarn und Bekannten teilen. Auf diese Weise unterstützt ihr das negative Feld, ihr tretet auf die Seite der Mächte der Finsternis.

Dies geschieht unbewusst. Und da eure Massenmedien größtenteils von Menschen verwaltet werden, die Kanäle nicht-göttlicher Ansichten sind, so werdet ihr, indem ihr euch auf die gesendeten Nachrichten und Programme einlasst, zu Übermittlern der Mächte der Finsternis.

Und da ein Großteil der Menschheit einen beträchtlichen Teil seiner Zeit mit Fernsehen verbringt, ist ein großer Teil der Menschheit von Ideen der Mächte der Finsternis besessen.

Was glaubt ihr, auf welchem Weg sich die Menschheit in diesem Fall entwickeln wird?

Die Antwort ist offensichtlich.

Was kann nun in diesem Fall getan werden?

Ihr findet die Antwort auf diese Frage in unseren Botschaften.

Lasst euch nicht in negative Bewusstseinszustände hineinziehen, haltet euer Bewusstsein ständig auf das Positive gerichtet, entfernt aus eurem Leben alle nicht-göttlichen Manifestationen und umgebt euch mit lichterfüllten göttlichen Bildern.

Was ihr in euch aufnehmt, zu dem werdet ihr auch.

Wenn ihr euch wahllos den Informationsströmen aussetzt, so werdet ihr zu Überträgern der Negativität, die die Massenmedien vermehren und verbreiten.

Sobald sich die Negativität in eurem Bewusstsein festsetzt, wird sie innerhalb kurzer Zeit auf der physischen Ebene in Form von verschiedenen negativen Manifestationen präzipitiert.

Auf diese Weise reproduziert das Negative sich selbst.

Aber auf die gleiche Weise kann sich auch das Positive selbst reproduzieren.

Der Mechanismus zur Steuerung aller Prozesse, die auf der Erdkugel stattfinden, befindet sich im Inneren eures Wesens. In jedem von euch gibt es eine Art Schalter, ein Ventil, das euch entweder göttliche Entscheidungen treffen lässt, oder dazu veranlasst, einem nicht-göttlichen Weg zu folgen.

Und jeden Tag könnt ihr den Schalter mehrmals entweder in die göttliche oder in die nicht-göttliche Richtung umlegen.

Wir lehren euch, wie ihr in eurem Leben Unterscheidungen treffen und im Einklang mit der göttlichen Welt bleiben könnt.

Der erste und wichtigste Schritt ist, an die Existenz der göttlichen Welt zu glauben und dem Licht dienen zu wollen.

Wenn ihr endgültig und unwiderruflich diese Wahl trefft und der kritische, aktivste Teil der Menschheit die gleiche Wahl trifft, werden wir nichts mehr zu befürchten haben. Die weitere Evolution der Menschheit wird dem evolutionären Weg folgen.

Deshalb geben wir mit Sorgfalt unsere Lehre. Der Kampf geht um jede Seele. Um ihre Rettung.

ICH BIN Gautama Buddha.

Ich bin gekommen, um euch die Situation zu erklären, die sich auf dem Planeten entwickelt hat

24. Dezember 2014

ICH BIN Gautama Buddha.

Ich bin an diesem Tag gekommen, um über das Wichtigste zu sprechen, was jetzt vielen unserer ergebenen Schüler Sorgen bereiten und sie beunruhigen könnte.

Ich bin gekommen, um euch die Situation zu erklären, die sich auf dem Planeten entwickelt hat.

Obwohl die Sitzung des Karmischen Rates in vollem Gange ist, gibt es wenig, was ihr Ergebnis beeinflussen kann. Die Fakten und Ereignisse der letzten Zeit sind ganz offensichtlich, um die Entscheidung zu treffen, die nun gereift ist, und über die ich euch nicht informieren werde.

Ich muss euch jedoch einige Einzelheiten über die Situation mitteilen und über die dringende Notwendigkeit, die aus diesen Einzelheiten für eure Entscheidungen und euer Handeln folgt.

Ihr könnt selbst, ohne jegliche Hilfe von uns, die Situation auf dem Planeten analysieren. Und ich denke, dass kaum einer von euch es wagen würde anzunehmen, dass sich die Situation zum Besseren ändert. Ganz im Gegenteil…

Wir hatten dies erwartet, und wir haben euch immer davor gewarnt, dass die Situation auf dem Planeten sehr schwierig ist, und dass euer ganzer hingebungsvoller Dienst und all eure gigantischen Anstrengungen erforderlich sind, um die Situation nicht nur zu ändern, sondern ihren Verlauf umzukehren und auf eine positive Bahn zu lenken.

Wir haben ein Maximum an Anstrengungen unternommen, um die Lage auf dem Planeten zu stabilisieren, was ich von euch nicht sagen kann.

Allzu schwer ist es, die Tatsache anzuerkennen, dass alle unsere Anstrengungen, die darauf gerichtet waren, unsere Lehre in den Herzen einer möglichst großen Anzahl von Individuen wachsen zu lassen, auf eine Stahlbetonmauer des Unverständnisses und des Widerstands stießen, der aus dem kollektiven Unbewussten der Menschheit kam.

Die zyklische Natur der Entwicklung des Universums und der menschlichen Gesellschaft schließt Zyklen der Entwicklung und Zyklen des Rückgangs mit ein. Abhängig davon, inwieweit die Menschheit den göttlichen Gesetzen folgt und in ihrer Mehrheit bereit ist, die Vorherrschaft des Höchsten Gesetzes in ihrem Leben anzuerkennen, kann es an kritischen Punkten in der Entwicklung der Menschheit zu einem globalen Zusammenbruch oder einer teilweisen Unterbrechung der Stabilität in der Entwicklung kommen.

Genauer gesagt, sind wir in eine Phase ungünstiger Strömungen in den äußeren Umständen für den Planeten Erde eingetreten.

Ihr wisst, und wir haben diese Lehre viele Male gegeben, dass die äußere Manifestation genau den inneren Bestrebungen des Großteils der Menschheit auf der Erde oder zumindest einer kritischen Masse der Menschheit entspricht. Daher haben wir versucht, durch unsere Botschaften einen Einfluss auf das Bewusstsein des fortgeschrittensten Teils der menschlichen Gesellschaft auszuüben, um durch eine Veränderung des Bewusstseins die Situation auf dem Planeten zu beeinflussen.

Wir haben unablässige Anstrengungen unternommen, und ihr könnt euch nicht beklagen, dass wir euch auch nur ein Jahr ohne unsere Anweisungen und unsere Führung gelassen hätten.

Wir gaben die kleinsten Details, durch die man mit Leichtigkeit in kürzester Zeit sein Bewusstsein verändern kann.

Die Möglichkeiten zur Übermittlung unserer Lehre sind erschöpft.

Alles in dieser Welt hat seinen Anfang und sein Ende.

Das bedeutet nicht, dass wir die Menschheit aufgeben und sich selbst überlassen werden. Nein, natürlich nicht. Aber wir behalten uns das Recht vor, die Bedingungen unserer Beteiligung an den

Prozessen zu ändern, die die Evolution des Planeten Erde regeln.

Wir werden auch weiterhin der Menschheit helfen. Doch es wird eine Hilfe ganz anderer Art sein.

Damit sich das Bewusstsein der Menschheit ändert, und in Übereinstimmung mit den Anforderungen des göttlichen Gesetzes der Evolution ändert, gibt es zwei grundlegende Wege – den Weg, die Grundlagen der göttlichen Wissenschaft durch die Übermittlung des Wortes zu lehren, und den Weg, die Grundlagen der göttlichen Wissenschaft durch die Rückkehr des Karmas für Fehler und verpasste Möglichkeiten zu lehren.

Der erste Weg hat sich derzeit erschöpft. Wir können die göttliche Energie nicht länger nutzlos aufwenden, denn die Früchte unserer Anstrengungen sind ausgeblieben.

Daher werdet ihr euch in naher Zukunft der Erkenntnis der göttlichen Wahrheiten von einer anderen Seite nähern müssen – durch Leid und Entbehrung.

Es besteht immer die Möglichkeit, den leichteren Weg zu gehen. Doch diese Möglichkeit steht nur wenigen Menschen offen, die aufrichtig der Alten Lehre folgen und sich für immer mit Gott verbunden haben.

Der Rest der Menschheit muss leider mit der Rückkehr des Karmas konfrontiert werden, das er selbst durch den falschen Gebrauch der göttlichen Energie verursacht hat.

Muss ich darüber reden, auf welche Weise das Karma zur Menschheit zurückkehren wird?

Ich denke, dass jeder von euch selbst diese Wege erkennen oder in unseren früheren Botschaften darüber nachlesen kann, die wir euch unermüdlich in den letzten 10 Jahren gegeben haben.

Die gesamte Lehre wurde von uns sorgfältig übergeprüft, und ihr könnt nicht sagen, dass ihr sie nicht in einer Weise erhalten hättet, die eurem Verständnis auf dem jetzigen Abschnitt der evolutionären Entwicklung zugänglich ist.

Wir können nicht länger etwas geben, wofür ihr keinen Bedarf habt.

Daher werdet ihr in naher Zukunft sehr viele Entdeckungen für euch selbst machen können, wenn ihr unsere Botschaften erneut durch das Prisma der Ereignisse lest, die in naher Zukunft eintreten werden.

Jeder Mensch trifft seine Wahl selbst. Und jeder Mensch erhält die Früchte seiner eigenen Wahl. Und diejenigen von euch, die die illusorische Welt gewählt haben und sich von ihrer teuflischen Anziehungskraft verlocken ließen, ihr werdet in der von euch gewählten Welt bleiben.

Diejenigen unter euch, die dem Zauber der illusorischen Welt nicht erlegen sind und die göttliche Welt gewählt haben, werden ihre Evolution auf einem neuen energetischen Niveau fortsetzen.

Die ganze Lehre über die Zeit der Wahl, und über die Zeit der Trennung von Spreu und Weizen, und über die Zeit des letzten Kampfes zwischen Licht und Finsternis wurde von uns viele Male gegeben.

Und jetzt kommt die Zeit, in der sich die Konsequenzen eurer Wahl auf der physischen Ebene manifestieren müssen.

Immer wird die Wahl zuerst auf der Ebene der Gedanken und Gefühle getroffen, und dann wird diese Wahl auf der physischen Ebene präzipitiert.

Ich habe euch heute viel mehr gesagt, als für euer Bewusstsein zulässig ist.

Und mein heutiges Gespräch mit euch zielt darauf ab, den wenigen zu helfen, denen diese Hilfe gewährt werden kann.

ICH BIN Gautama Buddha.

Über die Gesandte

Tatyana N. Mickushina wurde im Süden Westsibiriens in der Stadt Omsk geboren. Ihr ganzes Leben lang betete sie zu Gott und bat ihn, ihr die Möglichkeit zu geben, für ihn zu arbeiten.

Im Jahr 2004 wurde Tatyana N. Mickushina der Botenmantel der Großen Weißen Bruderschaft verliehen, und sie erhielt die Möglichkeit, die Worte der Meister zu den Menschen zu bringen. Seit 2005 empfängt sie zu bestimmten Zeiten auf besondere Weise Botschaften von den Aufgestiegenen Meistern. Mit Hilfe vieler Menschen wurden die Botschaften ins Englische und in viele andere Sprachen übersetzt, damit mehr Menschen sich mit ihnen vertraut machen können.

Die Aufgestiegenen Meister wünschen, dass ihre Lehre in der ganzen Welt verbreitet wird.

Die Meister geben ihre Botschaften mit einem Gefühl großer Liebe. Liebe kennt keine Grenzen.

Es gibt keine Grenzen zwischen den Herzen von Menschen, die in verschiedenen Ländern leben. Es gibt keine Grenzen zwischen den Welten. Grenzen existieren nur im Bewusstsein der Menschen.

Die Meister wenden sich durch mich an jeden Menschen auf der Erde.

Ich wünsche euch viel Erfolg auf eurem spirituellen Weg!

Licht und Liebe!

Tatyana Mickushina

Andere Bücher von Tatyana N. Mickushina in deutscher Sprache

Worte der Weisheit I

Die Botschaften der Aufgestiegenen Meister

Aus der Reihe "Worte der Weisheit"

Paperback, kartoniert. 608 Seiten

Veröffentlicht August 2023

Danuih Verlag

ISBN 9780955359620 [printed book]

ISBN 9780955359637 [e-book]

Worte der Weisheit II

Die Botschaften der Aufgestiegenen Meister

Aus der Reihe "Worte der Weisheit".

Paperback, kartoniert. 532 Seiten

Veröffentlicht November 2024

Danuih Verlag

ISBN 9780955359644 [printed book]

ISBN 9780955359651 [e-book]

https://sirius-de.net/buch.html

Meister der Weisheit

Gautama Buddha

Botschaften, die von der Gesandten Tatyana N. Mickushina von 2005 – 2014 empfangen wurden

Tatyana N. Mickushina

Bitte hinterlassen Sie Ihre Rezension zu diesem Buch auf amazon.de. Dies trägt wesentlich zur Verbreitung der Lehren der Aufgestiegenen Meister durch die Gesandte Tatyana Mickushina bei.

Webseiten:

http://sirius-de.net (deutschsprachige Version)

http://sirius-eng.net (englischsprachige Version)

http://sirius-ru.net (russische Version)

www.ingramcontent.com/pod-product-compliance
Lightning Source LLC
Chambersburg PA
CBHW071713160426
43195CB00012B/1668